14세 소년,
조선왕릉에서
역사를 보다

14세 소년, 조선왕릉에서 역사를 보다

2017년 10월 20일 초판 1쇄 발행
2019년 8월 1일 초판 3쇄 발행

지은이   이우상
펴낸이   김영애
편 집   윤수미
디자인   신혜정
마케팅   이문정
펴낸곳   SniFactory(에스앤아이팩토리)

등록일   2013년 6월 3일
등록   제 2013-00163호
주소   서울시 강남구 삼성로 96길 6 엘지트윈텔1차 1402호
전화   02. 517. 9385
팩스   02. 517. 9386
이메일   dahal@dahal.co.kr
홈페이지   www.snifactory.com

ISBN 979-11-86306-76-5 43900

가격 15,000원

이 책은 한국문화예술위원회의 지원을 받아 토지문화관 창작실에서
집필하였습니다.

14세 소년,
조선왕릉에서
역사를 보다

이우상 지음

다흘미디어

친구야, 조선 왕릉으로 놀러가자!

이제는 아빠와 대등한 대화를 하고 싶다. 컴퓨터에 관해선 내가 도사다. 핸드폰도 마찬가지다. 필요한 앱을 깔고 작동하는 걸 내가 다해준다. 아빠는 간단한 것도 몰라서 내게 묻는다. 귀찮을 정도다. 으쓱해하면서도, 그것도 모르는가 싶어 아빠가 불쌍하다.

그러나, 역사 이야기가 나오면 나는 꼬리를 내린다. 내게 필요한 것 같지도 않고 흥미도 없다. 역사에 관해선 아빠가 선생님이다. 순식간에 위치가 바뀌어버린다. 무식한 내가 약간 부끄럽다. 역사에 관해서도 대등한 위치에서 아빠와 대화해야겠다.

– 14세 동훈이

신들의 정원, 조선왕릉에 가면 _

곱게 단장된 잔디가 있습니다. 안내판을 읽고 느린 걸음으로 능역을 산책하면 역사가 살아납니다. 말없이 누워있는 무덤의 주인들이 역사를 들려줍니다. 근엄하게 호통치기도 하고 속삭이기도 합니다. 잔디에 앉아 타임머신을 타면 긴장된 역사의 현장이 파노라마로 펼쳐집니다.

왕릉은 으스스한 묘지가 아닙니다. 역사 교과서, 참고서입니다. 왕릉은 세련되게

004

꾸며진 정원입니다. 낙락장송이 즐비한 고급 정원입니다. 삼림욕을 즐길 수도 있습니다. 역사와 힐링을 공평하게 누릴 수 있는 정원입니다.

왕은 죽지 않습니다. 아니 죽지 못합니다. 육신은 소멸되었으나 행적은 불멸입니다. 잊혀지길 원해도 잊혀질 수 없는 시퍼런 역사로 살아 있습니다. 피를 동반한 야심과 패기로 권좌에 올랐든, 얼김에 떠밀려서 옥좌에 올랐든 '왕'이란 불멸의 이름을 달고 높다란 봉분 이불 아래 누워 있습니다. 누워있는 그들을 깨워 권좌의 영광과 애환을 들어봅시다.

우리 곁에 있는 조선왕릉 _

왕들의 생존 당시에는 대궐문 앞에도 얼씬거리지 못했을 테지만 이젠 무덤 근처까지 성큼 다가가 무례한 자세로 술잔을 건네고 농담을 건넬 수 있습니다. '전하, 그때 왜 그리 난폭하셨수? 얼마나 재밌었수? 우째 자식이 그리 많수? 창살 없는 감옥이라 얼마나 고독했수? 장검 집고 곁에 선 무인석을 향해, '근무 똑바로 서시오!' 제멋대로 떠들어도 처형당하지 않습니다.

말 없는 무덤은 '길 없는 길, 문 없는 문'입니다. 역사는 과거와 현재, 미래와의 대화입니다. 조선 왕릉은 온전히 보존되어 있습니다. 둥그런 봉분만 보면 그게 그거입니다. 그 속에 잠든 이들을 깨워내면 온갖 공연이 펼쳐집니다. 즐거운 시간 여행입니다. 무서운 폭군마저 측은하게 여겨지는 너그러움도 생깁니다. 태산에 오른 자는 천하가 작게 보이고, 바다를 본 자는 강물 따위는 물 같지 않습니다.

2017년 가을   이 우 상

목차

우리 곁에 있는 왕릉 ||||||||||||||||||||||||||||||||||||||||||||||||||||||||||||||||||||||

조선왕릉은 모두 42기입니다

조선 왕조는 518년 동안 지속됐습니다.(1392년~1910년) 27대 역대 왕과 왕비, 추존 왕과 왕비가 있습니다. 이들의 무덤을 능陵이라 합니다. 조선 왕릉은 42기가 있습니다. 원園은 왕의 부모, 왕세자와 그 비의 무덤으로 13기가 있습니다. 묘墓는 대군, 공주(왕의 적녀), 옹주(왕의 서녀), 후궁, 귀인 등의 무덤으로 64기가 있습니다. 신분에 따라 분류한 능, 원, 묘를 합쳐 조선 왕족의 무덤은 모두 119기입니다. 10대 연산군, 15대 광해군의 무덤은 능이 아니라 묘로 불립니다. 그들은 왕위에서 쫓겨났기 때문입니다.

조성 형태에 따라 능의 형식이 구분됩니다 _

단릉 왕과 왕비의 봉분을 별도로 조성한 단독 형태입니다.

쌍릉 한 언덕에 왕과 왕비의 봉분을 나란하게 배치한 형태입니다.

삼연릉 한 언덕에 왕, 왕비, 계비의 세 봉분을 나란하게 배치한 형태로 24대 헌종의 경릉(헌종, 효현왕후, 효정왕후의 무덤. 동구릉 내에 있음)이 유일합니다.

동원이강릉 하나의 정자각 뒤로 한 언덕의 다른 줄기에 별도의 봉분과 상설을 배치한 형태입니다. 성종 14년(1483) 정희왕후가 세조의 능 옆 언덕에 모셔짐으로서 동원이강 형식을 이룬 광릉이 효시(처음)입니다.

동원상하봉릉 왕과 왕비의 능이 같은 언덕의 위아래에 걸쳐 조성된 형태입니다.

합장릉 왕과 왕비를 하나의 봉분에 합장한 형태로 조선 초 〈국조오례의〉에서 정한 조선 왕실의 기본 능제입니다. 삼봉삼실의 삼합장릉은 왕, 왕비, 계비를 함께 합장한 형태로 유릉(조선 마지막 임금 27대 순종)이 유일합니다.

단릉이든 합장릉이든 권력의 성쇠, 역학관계에 의해 결정됩니다 _

태조 이성계는 계비(둘째 부인) 신덕왕후 강씨를 지극히 사랑했습니다. 강비가 죽자 도성 안에 능을 만들었습니다.(정릉, 현재 덕수궁 옆 영국 대사관 자리) 태조가 죽자 태종(3대)은 강비의 무덤을 양주 사한리(현 성북구 정릉동)로 이장해버렸습니다. 강비를 후궁으로 강등해 능을 묘로 격하시켰습니다. 강비와 태종 이방원은 사이가 매우 나빴기 때문입니다. 죽으면 끝인 게 세속의 이치지만 권력과 연루되면 죽어도 끝이 아닙니다. 서울 중구 정동과 성북구 정릉동은 그런 사연에 의해 붙여진 지명입니다.

영조(21대)는 조선 역대 왕 중 가장 오래 왕위에 있었습니다(52년). 영조는 생전에 현 서오릉 자리에 자신의 수묘(죽기 전에 미리 만든 가묘)를 만들었습니다. 영조가 죽자 정조는 그곳을 버리고 동구릉 능역에 능을 조성했습니다. 그 자리는 100년 전 효종(17대) 왕릉이 있었던 자리였습니다. 파묘(무덤을 파헤쳐 없앰)한 자리에 할아버지 영조를 묻은 것입니다. 아버지(사도세자)를 죽인 할아버지가 너무나 미웠기 때문입니다.

죽어서도 편히 눈 감지 못하는 자, 살아있는 자만큼 사람들 입에 오르내리는 자, 그들의 이름이 왕입니다. 권좌에 앉아 있었다는 이유로 그들은 현재 우리들과 함께 살고 있습니다. 왕들은 어디에 계신가. 지명수배가 필요 없습니다.그들의 소재는 만천하에 공개되어 있습니다.

조선은 '기록의 왕국'입니다

왕의 모든 것을 기록한 《조선왕조실록》 _

사극 드라마를 보면, 어전에서 왕과 신하들이 회의를 하고 있고, 저만치 떨어진 입구에 사관이 앉아 있습니다. 끊임없이 무언가를 적고 있습니다. 왕의 말씀, 행동, 신하들의 건의사항, 누가 올린 상소문 등을 생중계하듯 적습니다. 국회 회의, 청문회 등에서 가운데 자리에 앉아서 적는 속기사처럼.

왕이 혼자 있으면 혼자 있다, 화장실 갔으면 화장실 갔다는 것도 적고. 오늘도 적고, 내일도 적고, 다음 달에도 적고 돌아가시기 직전까지 적습니다.

기분이 어떨 것 같습니까?

사관은 종7품에서 종9품 사이의 벼슬아치입니다. 오늘날 공무원 제도로 보면 사무관 정도입니다. 그러한 사람이 왕을 졸졸 따라 다니며 사사건건 다 적습니다. 이걸 500여 년 동안 계속했습니다. 한문으로 써야 하니까 막 흘려 썼을 것 아닙니까? 그날 저녁에 정서를 했습니다. 이걸 사초라고 합니다.

왕이 돌아가시면 한 달 이내에, 실록편찬위원회를 구성합니다. 사관도 잘못 쓸 수 있으니까요. '영의정, 이러한 말을 한 사실이 있소? 이러한 행동을 한 적이 있소?' 확인합니다.

그렇게 해서 책으로 만듭니다. 4부를 만듭니다. 4부를 찍기 위해서 목판활자본, 나중에는 금속활자본으로 만들었습니다. 4부를 만들기 위해서 활자로 찍는 것이 경제적입니까, 사람이 직접 붓으로 쓰는 것이 경제적입니까? 쓰는 게 경제적이지요.

그런데 왜 활판인쇄를 했느냐 하면 사람이 쓰면 글자 하나 빼먹을 수도, 잘못 쓸 수도 있습니다. 사람이 쓰면 4부가 다를 수 있습니다. 그래서 활자본으로 만들었습니다. 이렇게 해서 500년 분량을 남겨주었습니다.

유네스코에서 조사를 했습니다. 왕의 옆에서 사관이 적고 그날 저녁에 정서해서 왕이 죽으면 한 달 이내에 출판 준비를 해서 만들어 낸 역사책은 전 세계에서 조선이 유일합니다. 이것이 6,400만자입니다. 6,400만자는 1초에 1자씩 하루 4시간씩 적어도 11.2년 걸리는 분량입니다.

실록은 왕도 볼 수 없습니다 _

그런데, '사관도 사람인데 공정하게 역사를 기술했을까.' 이런 궁금증이 들지요? 사관이 객관적이고 공정한 역사를 쓰도록 어떻게 했을까요?

세종(4대) 임금이 집권하고 나서 가장 보고 싶은 책이 있었습니다. 바로 아버지(3대 태종)의 행적을 적은 《태종실록》입니다.

'아버지의 행적을 사관들이 어떻게 썼을까?'

너무너무 궁금해서 태종실록을 봐야겠다고 했습니다.

정승 맹사성이 나섰습니다.

"아니 되옵니다. 불가하옵니다."

"왜, 아니되오?"

"전하께서 선대왕의 실록을 보시면 사관이 두려워서 객관적으로 기술할 수 없습니다."

세종은 꾹 참았습니다. 몇 년이 지났습니다. 또 보고 싶어서 미칠 것 같았습니다. 이번에는 어떻게 핑계를 댔느냐면,

"선왕의 실록을 봐야 그것을 거울삼아서 내가 정치를 잘할 것이 아니오?"

그랬더니 이번에는 황희 정승이 나섰습니다.

"전하, 보지 마시옵소서."

"왜, 그런가?"

"전하께서 선대왕의 실록을 보시면 다음 왕도, 다다음 왕도 선대왕의 실록을 보려고 할 것입니다. 그러면 사관이 객관적으로 역사를 기술할 수 없습니다. 전하께서도 보지 마시고 다음 왕들도 영원히 실록을 보지 말라는 교지(왕의 명령)를 내려주시옵소서."

세종은 한숨을 쉬며, "그렇구나. 경의 말이 맞소. 나도 영원히 보지 않겠소."

조선의 왕 누구도 '실록을 봐서는 안 된다'는 교지를 내렸습니다. 그래서 조선의 왕은 누구도 실록을 못 보게 되었습니다.

어려운 시대에 왕의 하루하루 행적과 모든 정치적인 상황을 힘들게 적어서 아무도 못 보는 역사서를 500년 동안 썼습니다. 누구 보라고 썼겠습니까?

바로 지금, 대한민국 국민이 보라고 썼습니다. 후손들이여, 우리는 이렇게 살았으니 우리가 살았던 문화, 제도, 양식을 참고해서 우리보다 더 아름답고 멋지고 강한 나라를 만들어라. 이러한 역사의식이 없다면 왕도 못 보고 백성도 못 보고 아무도 못 보는 기록을 어떻게 500년 동안이나 썼겠습니까.

《조선왕조실록》은 한국인의 보물일 뿐 아니라 인류의 보물이기에, 1997년, 유네스코가 세계기록유산으로 지정했습니다.

왕을 모신 비서들의 기록물 《승정원일기》 _

승정원은 오늘날 청와대 비서실입니다.

사실상 최고 권력기관이지요. 여기서는 매일 '왕에게 올릴 보고서, 어제 받은 하명서, 또 왕에게 할 말' 이런 것들에 대해 회의를 합니다.

이 일지를 500년 동안 적어 놓았습니다. 실록은 그날 밤에 정서를 했고, '승정원일기'는 이번 달 것을 다음 달에 정리했습니다. 이 '승정원일기'를 언제까지 썼느냐면 조선이 망한 해인 1910년까지 썼습니다.

누구 보라고 써놓았겠습니까? 이것 역시 대한민국 국민이 보라고 썼습니다. 유네스코가 조사해보니 전 세계에서 조선만이 그러한 기록을 남겨 놓았습니다. '승정원일기'는 안타깝게도 임진왜란 때 절반이 불타고 현재는 288년 분량만 남아있습니다.

이것은 2억 5,000만 자입니다. 한국고전번역원에서 이것을 번역하려고 조사를 해 보니까 잘하면 앞으로 45년 걸립니다. AI를 이용하면 번역기간이 27년 정도 걸린다고 합니다. 현재 번역율은 20% 정도입니다. 지금도 학자들이 번역작업을 하고 있습니다. 이것 역시 2001년 유네스코 세계기록유산으로 등재되었습니다.

왕이 직접 쓴 일기, 《일성록》 _

정조(22대) 때부터 시작된 왕의 일기입니다.

정조는 세자 때부터 일기를 썼습니다. 왕이 되고 나서도 썼습니다. 선대왕이 쓰니까 그 다음 왕도 썼습니다. 나라가 망한 1910년까지 썼습니다.

국방에 관한 사항, 경제에 관한 사항, 과거에 관한 사항, 교육에 관한 사항 이것을 전부 조목조목 나눠서 썼습니다. 150년 분량의 제왕의 일기를 가진 나라는 역시 조선뿐입니다.

일성록도 2011년 유네스코 세계기록유산이 되었습니다. 현재 번역율은 38% 정도입니다. 이 가운데 《조선왕조실록》은 개략적으로 번역이 되어 인터넷에 공개되어 있습니다. 오늘 세종 임금은 무엇을 했을까? 클릭하면 바로 확인할 수 있습니다.

왕의 이름은 어떻게 짓나요?

제4대 세종의 자는 원정元正, 이름은 도裪입니다. 정식 칭호는 세종장헌영문예무인성명효대왕世宗莊憲英文睿武仁聖明孝大王입니다. 약칭해서 세종대왕이라고 부릅니다.

왕의 이름(諱)은 대부분 외자(한 글자)입니다. 공식 문서에 왕의 이름을 쓸 수 없습니다. 때문에 같은 발음을 가진 한자나 같은 의미를 가진 한자로 바꾸어 써야 합니다. 왕조가 바뀌지 않는 한 왕의 이름은 문자에서 없어지는 것입니다. 있는 문자를 사용치 못하는 것은 문화적으로 낭비지요. (현재 북한도 그렇다고 하네요. 김일성, 김정일, 김정은이란 이름을 가진 북한 사람은 없습니다.)

이러한 문자의 낭비를 줄이는 방편으로 왕이 될 가능성이 있는 왕자의 이름은 한 글자, 그것도 실생활에서 전혀 쓰이지 않고 옥편에도 잘 나오지 않는 희귀한 한자를 씁니다.

사후에 칭하는 것은 묘호(세종)+시호(장헌)+존호(영문예무인성명효)+대왕(원래 특별한 왕에게만 붙였던 것이 아니라 모든 왕들에게 적용되었던 것임)이 결합된 것이 정식 호칭입니다.

조선시대 왕과 왕비의 시호와 묘호는 어떻게 정했나요? _

시호諡號 왕·왕비를 비롯해 벼슬한 사람이나 학덕이 높은 선비들이 죽은 뒤에 그의 행적에 따라 부여하는 이름

묘호廟號 왕이 죽은 뒤 그의 공덕을 칭송하여 종묘에 신위를 모실 때 올리는 칭호

　　국상이 나고 5일이 지난 후, 빈전(요즈음 일반인들이 '빈소'라고 말하는 것)에 재궁을 모신 후에 논의하여 시호를 결정했습니다. 왕과 왕비의 시호를 결정하는 시한은 빈전에 모신 후에 한다는 원칙은 있었으나 언제까지라는 한정은 없었습니다.

　　시호를 결정하기 위해서는 먼저 왕의 삶을 철저하게 조사, 기록한 행장行狀, 태어나서 세상을 떠날 때까지 행한 모든 언행을 기록한 글을 만듭니다. 왕과 왕비의 행장은 당대 최고의 문장가인 대제학이 짓고 최종적으로 의정부의 정승들이 검토하여 결정합니다. 이 때 대제학은 승정원 주서가 《승정원일기》에서 왕과 왕비의 일생을 요약, 조사해 올린 자료를 참고합니다. 이외에도 후대 왕이나 대비 등이 세상에 알려지지 않은 왕의 언행을 기록해서 주기도 합니다.

　　왕의 행장이 완성되면 중국 황제에게 청시사(請諡使- 왕이 승하하면 중국에 세 종류의 사신을 보냈다. 왕의 부고를 알리는 고부사告赴使, 후계왕의 즉위를 요청하는 청승습사請承襲使, 그리고 왕의 시호를 요청하는 청시사請諡使였다. 보통 이 세 종류의 사신을 한 사람이 겸해 고부청시청승습사告赴請諡請承襲使라 했다.)를 보내 시호를 결정해 줄 것을 요청합니다.

　　황제는 행장을 보고 그에 합당한 시호 두 글자를 결정하여 보냅니다.

　　이에 비해 왕비의 시호는 조선 자체에서 의논하여 결정했습니다.

　　시호가 죽은 자의 일생을 평가하는 것처럼 묘호廟號도 살아생전의 업적을 평가하여 그에 맞는 이름을 붙인다는 점에서는 본질적으로는 시호와 같습니다.

　　다만 시호는 인간으로서 왕이나 왕비가 어떤 인생을 살았는지를 종합적으로 보여주는데 반해, 묘호는 왕으로서 역할을 얼마나 훌륭하게 수행하였는지에 초점을 맞춥니다. 그런 점에서 묘호는 오직 왕만이 소유하며, 왕을 대표하는 이름입니다. 왕비는 시호를 대표 이름으로 합니다. 이를테면 문정왕후文定王后라고 할 때 문정은 시호입니다.

조祖와 종宗은 어떻게 정하나요? _

묘호는 두 글자로 이루어집니다. 앞의 글자는 각각 다르지만 뒤의 글자는 '조祖'나 '종宗'입니다. 묘호는 철저하게 왕의 업적을 기준으로 후대 왕과 신료들에 의해 결정됩니다. 또한 시호는 종묘에 고하여 조상신의 심판을 받는다는 상징적 행위가 있었지만, 묘호는 그런 절차가 없이 단지 신료들이 의논하고 이것을 후대 왕이 결재하는 것이 절차의 전부입니다.

왕의 업적을 평가하는 항목은 공功과 덕德, 두 가지입니다 _

공은 무질서와 혼돈을 바로 잡는 대업을 이룬 경우이고, 덕은 선대의 왕들이 확립한 훌륭한 정치 이념을 계승하여 태평성대를 이어가는 것입니다. 공을 표시하는 글자는 '조' 이고, 덕을 표시하는 글자는 '종' 입니다.

  묘호는 선왕의 업적에 대한 평가서이므로, 신료들의 의견이 서로 다르고 또 신료들이 올린 의견에 현재 왕이 동의하지 않을 수도 있습니다. 2품 이상의 재상들은 왕에게 세 가지 묘호를 추천해 보고했습니다. 대부분의 왕은 세 가지 묘호 중에서 첫 번째 것을 선정했습니다.

예외인 경우도 있습니다 _

대표적인 사람이 7대 세조입니다. 조카인 단종을 몰아낸 행위를 어떻게 평가해야 할까? 민감한 사안이어서 신료들이나 후대 왕의 의견이 대립했습니다.

  세조가 재위 13년 만인 1468년 9월 8일에 세상을 떠나자, 세조를 계승한 예종(8대)은 국상이 난 지 16일 만인 9월 24일에 신료들에게 명하여 묘호를 의논해 올리게 했습니다. 이 때 신료들이 신종^{神宗}, 예종^{睿宗}, 성종^{聖宗}이라는 세 가지의 묘호를 올렸습니다.

이것은 신료들이 세조의 왕위찬탈을 대업으로 평가하는 데 주저했음을 보여줍니다. 이에 예종은 심기가 상하여 "대행대왕(승하하신 왕)께서 국가를 다시 일으켜 세운 공을 누가 알지 못하는가? 묘호를 세조로 할 수 없겠는가?'라고 했습니다.

이는 세조가 단종을 몰아낸 것이 조선을 새롭게 중흥시킨 공이라는 것을 분명히 하고자 했던 것입니다.

하지만 정인지는 "세조는 세종이 있기 때문에 감히 의논하지 못했습니다."라고 하자, 예종은 "중국 한나라 때도 세조와 세종이 있었소. 그러니 지금 대행왕을 세조로 한다고 해서 무슨 문제가 있겠는가?" 라고 했습니다. 결국 신하들은 다시 세조로 묘호를 올렸습니다. 만약 예종이 문제를 제기하지 않았다면 조선의 7대왕을 우리는 신종^{神宗}이라 부를 것입니다.

후대에 와서 왕의 묘호가 바뀐 경우도 있습니다 _

선조(14대), 영조(21대), 정조(22대), 순조(23대)는 모두 후대에 묘호가 바뀌었습니다. 이들의 최초 묘호는 각각 선종^{宣宗}, 영종^{英宗}, 정종^{正宗}, 순종^{純宗}이었습니다. 이들은 모두 '조^朝'를 받을 만한 큰 공덕이 있다고 해서 묘호가 바뀌었습니다.

선조는 임진왜란이란 국난을 극복한 공이 인정되었고, 영조는 유학을 진흥시킨 공이, 정조와 순조는 사학^{邪學-천주교}으로부터 유학을 지킨 공이 인정되었습니다.

조선시대에는 공과 덕 중에서 공을 높이 평가하는 경향이 있었습니다. 실제로 묘호를 변경한 사례는 종을 조로 바꾼 것이었습니다.

중종의 경우에는 연산군을 몰아낸 공을 인정하여 중종의 아들인 인종이 중종의 묘호를 중조中祖로 삼으려 했으나 신료들의 반대로 무산되었습니다.

인조仁祖는 사후에 종으로 묘호를 받고 싶어 했지만, 신료들이 조를 올렸습니다. 인조는 광해군을 몰아낸 공과 함께, 병자호란 때 삼전도의 굴욕을 당한 일 등 여러 가지가 겹쳐 스스로 무안해서 종을 원했습니다.

조선왕릉 분포도

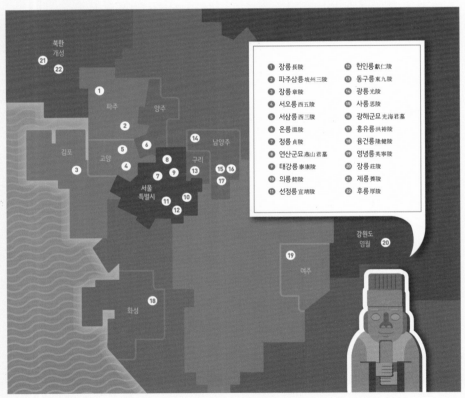

❶ 장릉 長陵	❷ 헌인릉 獻仁陵
❷ 파주삼릉 坡州三陵	❸ 동구릉 東九陵
❸ 장릉 章陵	❹ 광릉 光陵
❹ 서오릉 西五陵	❺ 사릉 思陵
❺ 서삼릉 西三陵	❻ 광해군묘 光海君墓
❻ 온릉 溫陵	❼ 홍유릉 洪裕陵
❼ 정릉 貞陵	❽ 융건릉 隆健陵
❽ 연산군묘 燕山君墓	❾ 영녕릉 英寧陵
❾ 태강릉 泰康陵	❷⓿ 장릉 莊陵
❿ 의릉 懿陵	❷❶ 제릉 齊陵
⓫ 선정릉 宣靖陵	❷❷ 후릉 厚陵

조선 왕릉은 어디에 있나요?

조선 왕릉은 서울 시내 및 경기도 일원에 있습니다 _

답사에 며칠 씩 걸리는 중국 황제의 능, 이집트 파라오의 무덤에 비하면 접근성이 대단히 좋습니다. 보존 상태도 좋습니다. 도굴과 화재가 더러 있었지만 능침과 석물, 정자각, 홍살문 등 부대시설이 온전하게 복원되어 있습니다. 파괴와 훼손의 미학도 볼거리지만 완전한 원형이 더욱 가치 있습니다. 소풍을 겸한 휴식과 사색의 공간으로 왕릉은 적격입니다. 푸른 잔디가 눈부신 계절이나 백설분분한 겨울 날 왕릉의 풍광은 감격스럽기까지 합니다.

42기의 조선 왕릉의 지역별 분포는 이렇습니다. 서울(8릉), 구리시(9릉), 고양시(8릉), 파주시(4릉), 남양주시(4릉), 화성시(2릉), 여주시(2릉), 양주시(1릉), 김포시(1릉), 강원도 영월군(1릉), 북한 개성시(2릉) 등입니다.

조선 왕릉은 수도권에 산재해 있는데, 경복궁과의 거리를 참작하여 반경 100리(40킬로미터) 이내로 정했기 때문입니다. 예외도 있습니다. 1대 태조의 비 신의왕후 한씨의 제릉과 2대 정종의 후릉은 개성시에 있고, 6대 단종의 장릉은 영월에 있습니다.

조선 왕릉은 개별적으로 흩어져 있기도 하고, 왕릉군을 형성해 모여 있기도 합니다. 모여 있는 동구릉, 서오릉, 서삼릉, 파주삼릉(공순영릉) 등은 왕가의 가족묘입니다. 답사의 편의를 위해 무리를 이룬 왕릉의 개요를 먼저 살펴봅니다.

🔺 동구릉東九陵

경기도 구리시 동구동에 있습니다. 9릉 개
의 능에 17위의 왕과 왕비, 후비 등을 안장
한 왕릉입니다.

1대 태조의 건원릉을 조성하기 시작하면
서부터 족분族墳 가족 묘지을 이루고 있는
왕릉군입니다. 1대 태조가 죽은 뒤 태종
(3대)의 명을 받아 서울 가까운 곳에 길지
를 물색하다가 검교참찬의정부사 김인귀
의 추천으로 하륜이 양주 검암산에 나아
가, 주변의 산세, 풍수, 등을 살펴보니 명
당이어서 능지로 정했습니다. 명나라 사
신들이 건원릉을 둘러보고 감탄해 "어떻
게 이와 같은 천작지구天作地區가 있는가?
필시 인간이 만든 조산造山일 것이다."라고 찬탄하였다 합니다.

‖‖‖ 사적 제193호
‖‖‖ 면적 191만5,891㎡ (58만평, 여의도의 약
    1/4크기)

　동구릉이라고 부른 것은 추존왕 문조의 능인 수릉이 아홉 번째로 조성되던 1855년
(25대 철종6) 이후의 일입니다. 그 이전에는 동오릉·동칠릉이라고 불렀습니다.

　태조의 건원릉을 비롯해 제5대 문종과 그 비 현덕왕후의 능인 현릉, 제14대 선조와
그 비 의인왕후, 계비 인목왕후의 능인 목릉, 제18대 현종과 명성왕후의 능인 숭릉, 제
16대 인조의 계비 장렬왕후의 능인 휘릉, 제20대 경종의 비 단의왕후의 능인 혜릉, 제
21대 영조와 그 계비 정순왕후의 능인 원릉, 제24대 헌종과 그 비 효현왕후, 계비 효정
왕후의 능인 경릉, 제23대 순조의 원자인 문조와 그 비 신정익왕후의 능인 수릉 등 9
개의 능이 자리 잡고 있습니다.

🔺 서오릉西五陵

경기도 고양시 덕양구 신도동에 있는 5개
능을 합한 능호입니다.

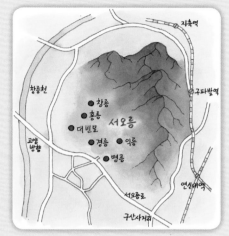

경기도 구리시에 있는 동구릉 다음으로
큰 조선왕실의 족분입니다.

   서오릉이 능지로 선택된 계기는 1457
년(7대 세조3) 세조의 세자였던 원자元子
맏아들 장璋: 뒤에 덕종으로 추존됨이 사망하자
풍수지리설에 따라 능지로서 좋은 곳을
찾다가 이곳이 추천되어 세조가 답사한
뒤 경릉 터로 정했습니다. 이로부터 서오
릉이 형성되기 시작했습니다.

   그 뒤 1470년(9대 성종1) 덕종의 아우

〰️ 사적 제198호.
〰️ 면적 182만6,932㎡ (55만 3,616평)

예종(8대)과 계비 안순왕후 한씨의 창릉, 1681년(19대 숙종7) 숙종의 비 인경왕후 김씨
의 익릉, 1721년(20대 경종1) 숙종과 계비 인현왕후 민씨의 쌍릉과 제2계비 인원왕후 김
씨의 단릉의 합칭인 명릉, 1757년(21대 영조33) 영조의 비인 정성왕후 서씨의 홍릉이 들
어서면서 왕족의 능이 무리를 이루어 '서오릉'이라는 이름을 얻게 되었습니다.

   그 밖에 이곳에는 명종(13대)의 첫째아들인 순회세자의 순창원이 경내에 있고, 또한
숙종의 후궁으로 많은 역사적 일화를 남긴 희빈 장씨의 묘가 1970년 광주군 오포면 문
형리에서 이곳으로 이장되었습니다.

서삼릉西三陵

경기도 고양시 덕양구 원당동에 있습니다. 정릉, 효릉, 예릉을 합한 능호입니다.

서삼릉은 중종(11대)의 계비 장경왕후 윤씨의 능인 희릉지禧陵址로 택해진 곳으로, 한 때는 중종의 정릉이 이 능역에 있었으며, 그의 아들인 인종(12대)과 그의 비 인성왕후 박씨의 효릉이 이곳에 자리 잡아 중종과 인종, 2대의 능지로 사용되기 시작했습니다.

그 뒤 근처에 왕실묘지가 이루어져 명종(13대)과 숙종(19대) 이후 조선 말기까지 역대

||||| 사적 제200호
||||| 면적 21만7,701㎡ (6만5,970평)

후궁을 비롯하여 대군·군·공주·옹주 등의 분묘가 조성되었습니다. 1864년(26대 고종 1) 철종(25대)과 그의 비 철인왕후 김씨의 예릉이 들어서면서 '서삼릉'이라는 이름을 얻게 되었습니다.

파주 삼릉 (공순영릉恭順永陵이라고도 함)

경기도 파주시 조리면 봉일천리에 있습니다.

예종(8대)의 원비 장순왕후 한씨의 능을 공릉, 성종(9대)의 원비 공혜왕후 한씨의 능을 순릉, 영조(21대)의 아들 효장세자(진종으로 추존)와 비 효순왕후 조씨의 능을 영릉이라 하였는데, 이들의 능이 서로 가까이 있으므로 합하여 '공순영릉'이라 부르기도 합니다.

||||| 사적 제205호
||||| 면적 134만7,415㎡ (40만8,307평)

왕릉 답사는 아는 만큼 보입니다

왕릉 답사가 붐을 이루고 있습니다. 문화재는 '아는 만큼 보인다'고 했습니다. 처음에는 생각 없이 소풍을 가면 됩니다. 커다란 무덤으로만 봐도 좋습니다. 조금씩 다가가면 거기에 묻혀 있는 역사가 보입니다. 한 개의 사연과 교훈을 얻는다면 왕릉에 다가간 발품값으로 충분합니다.

왕릉의 기본구조는 이렇습니다 _

죽은 자의 집이 무덤입니다. 왕릉은 왕궁을 옮겨놓은 형상입니다. 비록 상징화된 구조물이지만 있을 건 다 있습니다. 용상, 왕을 호위하는 문무관, 내시도 있습니다. 보편적인 구조를 살펴봅니다.

1. **곡장曲墻** 왕릉을 보호하기 위하여 3면으로 둘러놓은 담장.
2. **능침** 왕, 왕비의 봉분. 능상陵上이라고도 한다.
3. **병풍석** 봉분을 보호하기 위하여 봉분 밑 부분을 두르는 12개의 돌. 병풍석에는 12방위를 나타내는 십이지신상을 해당 방위에 맞게 양각하였는데, 외부로부터 침범하는 부정과 잡귀를 쫓아내기 위해 새겼다. 둘레돌, 호석이라고도 한다.
4. **난간석** 봉분 주위를 보호하기 위해 봉분 둘레에 설치한 돌난간. 가장 높은 기둥을 석주, 석주를 가로지른 돌기둥을 죽석竹石, 죽석 중간을 받쳐둔 작은 기둥을 동자석이라 한다.

5. **지대석** 병풍석의 면석 밑을 받쳐놓은 기초 부분.

6. **상계上階** 능원은 장대석으로 구분지은 세 단계 중 가장 높은 단. 왕, 왕비의 침전인 능침이 자리한다. 혼유석이 놓여 있는 단. 초계라고도 한다.

7. **중계** 문인석과 석마가 세워진 중간 단.

8. **하계** 무인석과 석마가 서 있는 단. 문을 숭상하는 정서를 알 수 있다.

9. **석양石羊** 능침은 왕궁의 침전이다. 대신들은 물론 도승지도 들어올 수 없는 공간이다. 침전에 들어올 수 있는 신분은 내시뿐이다. 석양은 채홍사 임무를 담당한 내시이기도 하다. 수많은 후궁 중에서 오늘 간택할 후궁 방을 찾을 때, 양을 앞세워 다녔던 임금도 있었다. 양이 어느 방 앞에 멈춰서면 이곳에 상서로운 기운이 서렸다하여 그 방 후궁과 동침했다. 그러자 후궁 하나가 자기 방 댓돌 아래 소금을 몰래 묻어 놓았다. 소금을 좋아하는 양은 밤마다 그 후궁 방으로 가서 잤다는 일화도 있다.

10. **석호石虎** 능침을 지키는 호랑이 모양의 수호신. 경호 임무를 맡은 내시다.

11. **망주석望柱石** 봉분 좌우측에 각 1주씩 세우는 기둥. 육신에서 분리된 혼이 멀리서 봉분을 찾을 수 있도록 하는 표지의 기능을 한다는 설, 음양의 조화를 이루는 기능을 한다는 설, 왕릉의 풍수적 생기가 흩어지지 않게 하는 기능을 한다는 설 등이 있다.

12. **혼유석魂遊石** 일반인의 묘에는 상석이라 하여 제물을 차려놓는 곳이지만, 왕릉은 정자각에서 제를 올리므로 이곳은 혼령이 앉아 노는 곳이다.

13. **고석鼓石** 혼유석의 받침돌로서 모양이 북을 닮았다 하여 붙여진 이름. 사악한 것을 경계하는 의미로 귀면(귀신의 얼굴 모양)을 새겨 놓았다.

14. **장명등長明燈** 왕릉의 장생발복을 기원하는 뜻으로 세웠다. 초기에는 팔각지붕이다가 숙종(19대)의 명릉부터 사각지붕으로 양식이 변했다.

능 상설도

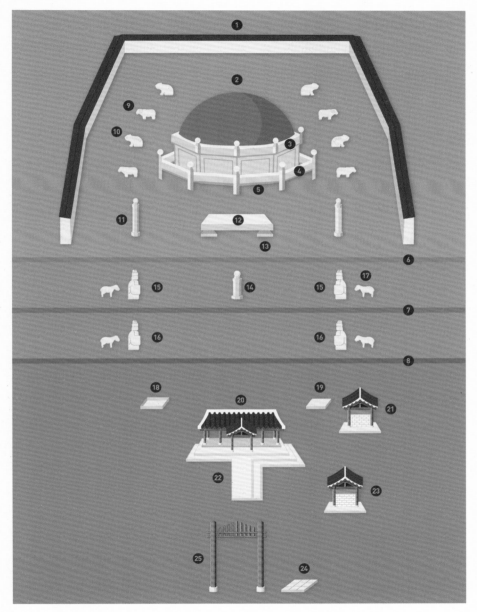

15. **문인석** 장명등 좌우에 있으며, 언제든지 왕명에 복종한다는 자세로 양손에 홀을 쥐고 서 있다.

16. **무인석** 문인석 아랫단에 석마를 대동하고 있으며, 왕을 호위하고 왕이 위험에 처했을 때 대처한다는 뜻에서 장검을 짚고 위엄 있는 자세를 취하고 있다.

17. **석마** 문인석과 무인석은 각각 석마를 대동하고 있다.

18. **예감** 정자각 뒤 서쪽에 제향 후 축문을 태우던 곳으로, 석함, 소대(소전대), 망료위라고도 한다.

19. **산식석** 정자각 뒤 오른쪽, 보통 예감과 마주보는 위치에 설치한 것으로 장사 후 3년간 후토신(땅을 관장하는 신)에게 제사를 지내는 곳이다.

20. **정자각** 제향을 올리는 곳. 정자각에 오를 때는 동쪽으로, 내려올 때는 서쪽으로 내려온다.

21. **비각** 비석이나 신도비를 안치하는 곳. 신도비는 능 주인의 생전 업적을 기록하여 세우는 비석이다.

22. **참도參道** 홍살문에서 정자각까지 폭3미터 정도로 돌을 깔아놓은 길이다. 왼쪽 약간 높은 곳은 신이 다니는 신도神道, 오른쪽은 임금이 다니는 길은 어도御道라고 하며 약간 낮다.

23. **수복방** 능을 지키는 수복(능을 관리하는 관리)이 지내던 곳으로 정자각 동쪽에 지었다.

24. **배위** 홍살문 옆에 한 평 정도 돌을 깔아놓은 곳. 판위, 어배석, 망릉위라고도 한다. 제향행사 등 의식 때 망릉례 등을 행하는 곳이다.

25. **홍살문** 홍살문은 능, 원, 사당 등의 앞에 세우며, 신성한 지역임을 알리는 문이다. 붉은 칠을 한 둥근 기둥 2개를 세우고 위에는 살을 박아놓았다. 홍문 또는 홍전문이라고도 한다.

왕과 왕비의 장례는
권력이동의 격변기입니다

왕, 왕비의 장례 절차 알아보기 _

죽음은 살아남은 자의 몫입니다. 민가에서 맞는 혈육의 죽음은 슬픔으로 가득하지만, 왕의 죽음은 삼엄한 권력이동과 동의어입니다. 선거는 제로섬 게임입니다. 이긴 자는 모든 것을 갖고 진 자는 빈 깡통 뿐입니다. 국상國喪: 왕과 왕비, 왕세자와 세자빈 등의 장례를 가리키며 국장·인산·인봉이라고도 한다은 대선과 같습니다. 장지 선정, 장례 절차에서 입김이 통하면 출세요, 왕의 의중을 잘못 파악하면 죽음을 감수해야 합니다. 조정 대신들에게 사활을 건 암투의 계절이 국상입니다. 수천 명 민초들에겐 무보수 자원봉사, 피땀 어린 부역의 계절입니다.

왕이 죽기 직전 계엄령이 선포됩니다 _

현직 대통령이 죽으면 국가비상사태입니다. 계엄령이 선포됩니다. 1979년 10월 26일, 그런 체험을 했습니다. 왕이 승하(왕의 죽음)하기 직전에 계령(계엄령)이 선포됩니다. 왕의 죽음, 국상은 최고의 국책사업입니다. 새로 뽑힌 대통령은 화려한 취임식과 장밋빛 정책 구상을 발표하지만 새로 등극한 왕이 맡는 첫 국사는 국상입니다.

계령이 발동되면 병조(국방부)는 군사를 동원하여 궁궐을 겹겹이 에워쌉니다. 승하했다는 소식이 들리면 왕세자, 대군 이하의 친자, 왕비와 내명부, 외명부의 여인 등은 의관을 벗고 머리를 풀며, 몸을 치장한 장신구를 제거합니다.

겉으로는 지극한 슬픔 보이기, 속으로는 손익계산에 숨이 가쁩니다 _

예조에서 의정부에 보고하고 중앙과 지방에 공문을 보내 도성과 지방 관청으로 하여금 계령을 철저히 지키게 합니다. 5일간 장이 열리지 못합니다. 왕이 승하한 후 3개월이 지난 뒤 졸곡(죽은 지 석 달 후 지내는 제사)을 합니다. 졸곡 전까지는 혼인 금지, 돼지, 소 등의 도살이 금지됩니다. 국상이 나면 백성들은 결혼도 못하고 고기 구경도 못합니다.

국상이 나면 장례위원회가 설치됩니다 _

빈전도감, 국장도감, 산릉도감이 그것입니다. 빈전도감은 제조(지휘 감독관)가 세 명이고 예조판서는 당연직입니다. 빈전도감의 업무는 세 기관 중 비교적 간단합니다. 소렴과 대렴에 입을 옷, 빈전(일반 백성은 빈소라 한다), 찬궁(관을 설치하는 일), 성복(상복을 준비하는 일) 등을 맡습니다.

국장도감은 호조판서, 예조판서가 제조를 맡고 집기류, 악기류, 대여(관을 싣는 큰 가마), 지석, 제기, 책보 등을 만드는 일을 맡습니다.

산릉도감이 가장 힘들고 조심스런 업무를 맡습니다 _

능을 조성하는 일을 총 지휘하며 공조판서(건교부장관)와 선공감정이 제조로 임명되고 당하관이 10명입니다. 광중(무덤)을 파고 정자각, 현궁, 비각, 수복방, 제실 등을 짓습니다. 긴장되고 얼얼한 국책 사업이 시작됩니다. 한성부 판윤(서울시장)은 장지까지 가는 다리, 길을 수리하고 설치합니다.

3도감의 도제조(총책임자)는 좌의정이 맡습니다. _

조선의 국장제도는 태조 이성계가 죽자 처음 국장을 맞은 3대 태종이 송나라의 제도를 도입해 확립했습니다. 고려의 국장 기간은 1개월 이내였습니다. 조선은 신생 왕국의 위엄을 보이려 왕과 왕비의 국장기간을 5개월로 정했습니다. 장례가 겹치면 상복 입고 1년 내내 보내기도 합니다. 죽은 자는 빨리 흙으로 돌아가고 싶어도 갈 수 없습니다.

더운 여름에 죽은 왕은? 시신이 썩는 것을 막기 위해 어떻게 했을까요? _

서울 용산구 동빙고동, 서빙고동은 얼음 저장고가 있었다 해서 붙여진 지명입니다. 동빙고는 왕실 장례, 제사용 얼음 보관 창고, 서빙고는 왕실 주방용과 여름철에 문무백관에게 하사하기 위해 얼음을 저장했던 곳입니다. 모두 목빙고였습니다. 그래서 현재 남아있지 않습니다. 돌로 만든 것은 경주 석빙고 등 오늘날 여러 곳에 남아 있습니다.

  겨울철 한강에서 얼음을 채취합니다. 두께 12센티 이상, 큰 덩어리는 한 정 즉 사방 6자(1.8미터)의 얼음을 빙부들이 떴습니다. 물론 오염되지 않은 청정 지역을 택해서요.

  왕의 시신이 썩지 않도록 공조에서 빙반을 만듭니다. 길이 3미터, 넓이 1.6미터, 깊이 90센티로. 냉장고가 없던 조선시대에 냉동 영안실입니다. 빙반을 바닥에 놓은 다음 그 위에 대나무로 만든 평상을 설치합니다. 평상 위에 시신을 올려놓고 그 위에 다시 빙반을 설치합니다. 습기를 흡수하기 위해 마른 미역을 사방에 쌓아놓고 계속 갈아줍니다. 이것을 '국장미역'이라 합니다.

왕릉은 왕궁 중심에서 80리 안에 택지했습니다 _

당시 10리는 5.2Km, 80리×5.2Km=41.6Km, 마라톤 코스 거리(42.195Km)와 비슷하지요. 능제를 지낼 때 왕이 서둘러 출발하여 하루 만에 돌아올 수 있는 거리입니다.

능역 공사는 대략 3~5개월 걸립니다 _

동원된 인원은 6,000명~9,000명입니다. 택지는 풍수지리설에 따라 상지관이 하고, 왕이 친히 현장에 가서 지세를 살피기도 했습니다.

22대 정조는 수원읍치 화산에 왕릉을 택지하려 했습니다. 대신들이 반대했습니다. '그곳에는 전하의 아버지인 사도세자의 능이 있사옵니다. 또한 수원은 궁궐에서 88리나 되옵니다'라고 주장하며 반대했습니다. 왕은 고집을 꺾지 않았습니다. 어명을 내렸습니다.

'이제부터 수원까지 거리를 80리로 명하노라'.

절대왕조 시대이니 왕명은 법입니다. 지금도 수원 토박이들은 수원 80리를 고집합니다.

왕릉에는 지금도 매년 능제(제사)가 거행됩니다 _

능제 땐 소를 잡아 제사 준비를 합니다. 능제음식으로 인해 왕릉갈비가 생겼습니다. 오늘날 수원갈비, 태릉갈비, 홍릉갈비가 유명한 것은 모두 능제 때문입니다. 능제는 지금까지 계속되고 있습니다.

왕릉은 천하의 명당입니다. 내노라하는 풍수들이 모두 동원됩니다. 왕릉으로 택

지되는 지역은 가문의 영광일까요? 천만에요! 가문의 불행입니다. 반경 10리 이내
는 무자비한 철거가 시작됩니다. 왕릉으로 택지되면 주변에 있던 무덤은 강제 이장
됩니다. 주변 마을도 철거됩니다.

생거진천, 사거용인이란 말, 이래서 생겼습니다 _

수원 아래 용인이 있습니다. 그 아래쪽으로 한참 내려가면 진천(충북)이 있습니다.
살아 진천, 죽어 용인(생거진천, 사거용인)이라는 말이 있지요. 용인은 수원 80리를 벗
어난 안전지대입니다. 양반 문중에서 마음 놓고 선산을 쓸 수 있는 곳입니다. 용인
땅이 포화상태에 이르면요? 진천이 제2 후보지가 됩니다. 세도가들의 선산이 밀려
오면 진천 사람들은 속수무책이지요. 그래서 용인은 음택(무덤터)의 명당이고 진천
은 양택(집터)의 명당이라고 열심히 홍보했습니다. 지금도 용인에는 공원묘지가 많
지요. 진천은 살기 좋은 곳으로 알려져 있고요.

미리보기 공부를 많이 했습니다. 이제, 신발 끈을 조여매고 본격적인 왕릉 답
사, 출발해 볼까요.

새로운

왕조의

시작

1대 태조(건원릉) & 신덕왕후(정릉) 이야기

2대 정종 & 정안왕후(후릉) 이야기

3대 태종 & 원경왕후(헌릉) 이야기

4대 세종 & 소헌왕후(영릉) 이야기

5대 문종 & 현덕왕후(현릉) 이야기

6대 단종(장릉) & 정순왕후(사릉) 이야기

7대 세조 & 정희왕후(광릉) 이야기

8대 예종 & 안순왕후(창릉) 이야기

9대 성종 & 정현왕후(선릉), 그리고 폐비 윤씨의 회묘 이야기

제1대 태조 가계도

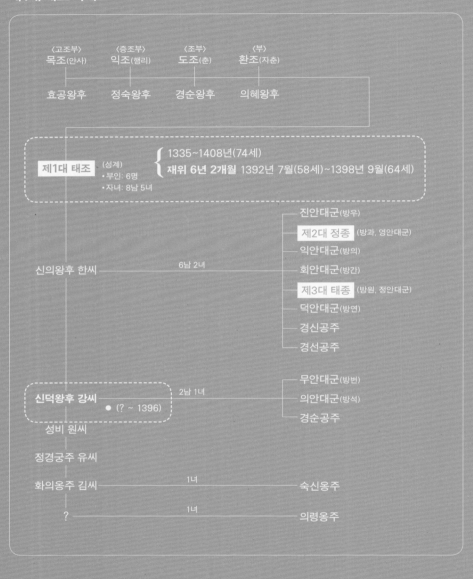

⟨고조부⟩   ⟨증조부⟩   ⟨조부⟩   ⟨부⟩
목조(안사)   익조(행리)   도조(춘)   환조(자춘)

효공왕후   정숙왕후   경순왕후   의혜왕후

| 제1대 태조 | (성계)
• 부인: 6명
• 자녀: 8남 5녀 |
1335~1408년(74세)
재위 6년 2개월 1392년 7월(58세)~1398년 9월(64세)

신의왕후 한씨 ——————— 6남 2녀 ———————
진안대군(방우)
제2대 정종 (방과, 영안대군)
익안대군(방의)
회안대군(방간)
제3대 태종 (방원, 정안대군)
덕안대군(방연)
경신공주
경선공주

신덕왕후 강씨
• (? ~ 1396)
——— 2남 1녀 ———
무안대군(방번)
의안대군(방석)
경순공주

성비 원씨

정경궁주 유씨

화의옹주 김씨 ——————— 1녀 ——————— 숙신옹주

? ——————— 1녀 ——————— 의령옹주

무학 대사가 없었다면,
이성계, 그는 사나운 장수에 불과했을 것이다

58세에 즉위한 준비된 왕, 태조 이성계 _

태조는 조선 역대 왕 중 가장 늦은 나이에 즉위했습니다. 왕위를 물려받은 것이 아니라 고려왕조를 무너뜨리고 58세에 왕이 됐습니다. 당시의 평균 수명(35세)으로 보면 무척 늦은 나이지요. 요즘 세상에도 정년 퇴직감입니다. 태조 이후에는 10대 청소년기에 즉위한 왕이 13명이나 됩니다.

무학대사를 만나다 _

이성계는 용맹과 추진력으로 뭉쳐진 인물입니다. 지혜와 자비, 반성과 성찰이 보충되지 않았다면 실패한 쿠데타의 주역이 되었을 것이고 조선의 역사는 한여름밤의 꿈으로 끝났을 것입니다. 무학대사는 이성계를 일개 장수에서 군왕으로 이끈 스승입니다. 나옹화상의 제자인 무학대사는 고려 공양왕의 왕사(왕의 스승) 책봉도 받아들이지 않고 오랫동안 토굴에서 수행에 전념했습니다.

　이성계를 만난 후 그의 삶이 달라졌습니다. 무학대사 역시 고려 왕조의 무능과 부패에 절망하고 있었습니다. 새 왕국 건설을 꿈꾸는 혁명가임과 동시에 이성계의 스승입니다. 무학대사는 천문지리와 음양도참설에 밝았고 꿈 해몽술에 능했습니다.

이성계의 꿈, 해몽 _

태조의 즉위 이전에 그의 꿈을 해몽하여 즉위를 예언했습니다. 무학대사가 설봉산 아래 토굴에 기거하고 있을 때 이성계가 찾아와 물었습니다.

"대사, 꿈에 집을 부수고 들어와 서까래 셋을 지고 나갔는데 이게 무슨 징조입니까?"

"허허, 경축할 일이요. 서까래 셋을 진 사람은 왕王을 가리킵니다."

"꽃이 거울에 떨어지니 이 꿈은 또 무엇입니까?"

"꽃이 떨어지면 열매가 열 것이요, 거울에 떨어지니 어찌 소리가 없으리오."

경복궁을 왕십리에 지을 뻔 _

이성계는 즉위 후 도읍을 송도(개성)에서 한양으로 옮겼습니다. 궁궐터를 잡기 위해 무학대사와 함께 여러 차례 한양을 답사했습니다. 대사는 지금의 왕십리에 궁궐터를 잡으려고 했습니다. 그때 검은 소를 타고 가던 노인이 소를 툭툭 치면서,

"이놈아, 이 무학만치나 미련한 소야!"

대사는 그 소리를 듣고 노인에게 다가가 절을 하고,

"어르신, 제발 가르쳐주십시오."

노인은 껄껄 웃으며,

"여기서 십 리를 더 들어가시오."

이렇게 해서 십 리 더 들어간 곳이 지금의 경복궁입니다. 십 리를 더 가라고 하여 왕십리往十里라는 지명이 생겼습니다.

그런데 경복궁을 짓는 중에 대들보가 자꾸 무너져 내렸습니다. 대사가 고민을 하는데 하루는 밭을 갈던 노인이,

"그 터는 학의 형상이니 날개부터 눌러야 하오."

라고 충고했습니다. 대사는 날개 부분에 4대문을 먼저 지었습니다. 그러자 궁궐이 무너지지 않고 무사히 완공했습니다.

돼지 눈에는 돼지만 보이고 부처님 눈에는 부처님만 보인다 _

왕자의 난이 일어나기 전까지는 이성계의 입가에 넉넉한 웃음이 넘쳤습니다. 도읍지가 완성된 축하 잔치에서 있었던 일입니다. 태조가 호방하게 웃으며,

"오늘은 편하게 말을 터봅시다. 무학대사를 보니, 꼭 꿀꿀 돼지 같소이다. 허허허!"

대신들도 따라 껄껄 웃었습니다. 대사는 태연하게 받아쳤습니다.

"전하께선 부처님처럼 보이십니다."

태조가 당황했습니다.

"과인은 대사를 돼지라고 했는데, 대사는 어찌 나를 부처라고 하시오?"

"돼지 눈에는 돼지만 보이고 부처님 눈에는 부처님만 보이는 법입니다."

태조는 망치로 머리를 맞은 것처럼 멍해졌습니다. 잠시 후 껄껄 웃으며,

"과인이 졌소이다. 그 말씀 깊이 새기리다."

아직, 자식들끼리의 살육전을 예감하지 못한 좋은 시절이었습니다.

건원릉 전경

건원릉, 능호가 유일하게 세 글자 _

건원릉, 혁명가 이성계가 누워있는 곳입니다. 능호가 유일하게 세 글자입니다. 이곳은 스스로 눕고 싶었던 자리가 아닙니다. 봉분 위엔 잔디가 아닌 억새가 무성하게 자라고 있습니다. 경기도 구리시 검암산 아래 자리 잡은 동구릉은 천하의 명당으로 손꼽힙니다. 태종 때 명나라 사신이 와서 지세를 보고는 '어찌 이와 같은 하늘이 만든 땅이 있는가? 필시 인공으로 만든 산이로다.'라고 할 정도입니다. 태조의 건원릉은 아홉 개 동구릉 중에서 가장 높은 곳에 있습니다.

아들에게 쫓겨 난 이성계 _

1396년(태조 5)에 신덕왕후 강씨가 세상을 떠나자 태조는 정릉(현 영국대사관 근처)을 조성하고, 훗날 자신이 묻힐 자리까지 함께 조성했습니다. 그러나 태종(3대)이 즉위한 후 정릉은 푸대접을 받기 시작했습니다. 태종은 정릉의 능역 100보 근처까지 집 짓는 것을 허락했고, 정릉이 도성 안에 있다는 이유로 현재의 정릉으로 천장(무덤을 옮김)했습니다. 이 후 청계천 광통교가 홍수에 무너지자 능의 석물 중 병풍석과 난간석을 광통교 복구에 사용했으며, 그 밖에 목재나 석재들은 태평관을 짓는 데 사용했습니다. 일반 백성의 묘나 다름없었던 정릉은 260여 년이 지난 1669년(18대 현종10)에 왕릉의 모습을 갖추게 되었습니다.

함흥의 흙과 억새로 봉분을 만들었다 _

아들 방원(3대 태종)에게 쫓겨나다시피 한 태조는 죽기 전 자신을 고향 함흥에 묻어달라고 유언했습니다. 태종은 유언마저 무시했습니다. 아버지의 유언이지만 조선 개국의 시조를 왕궁에서 멀리 떨어진 함흥에 묻을 수 없다는 이유에서입니다. 그 대신 함흥에서 흙을 실어오고 억새를 뽑아와서 봉분에 덮었습니다. 덤프트럭도, 굴삭기도 없던 시절이니 삽으로 퍼서 지게로 지고 소달구지로 실어 날랐겠지요. 함경도 함흥에서 경기도 구리까지.

최고의 명당을 찾아라

태조가 승하하자 태종은 풍수에 능한 조정대신에게 총동원령을 내렸습니다. 아버지의 유언을 지키지 못한 불효를 극복하려고 지상 최대의 국책사업을 벌였습니다. '한양 80리 안에 최고의 명당을 찾아라!' 총책임자는 왕의 풍수고문이자 영의정인 하륜이었습니다.

왕릉 터를 잡은 이는 조정 대신 김인귀였습니다. 뛰어난 궁중건축가였던 박자

건원릉

청(1357~1423)이 왕릉 공사를 맡았습니다. 충청도, 황해도, 강원도에서 징발한 역군 6,000명이 검암산으로 동원됐습니다. 왕릉 조성공사는 두 달 열흘 걸렸습니다. 그는 이 공사를 성공리에 마친 공로로 공조판서(건교부장관)가 되었습니다.

1408년 9월 9일, 이렇게 마련된 건원릉에 태조가 묻혔습니다. 조선 최초의 왕릉이자 동구릉이 조성되기 시작했습니다.

원치 않은 곳,

그러나 최고의 명당에 묻힌 태조 이성계,

전하 행복하시옵니까?

창업은 쉬우나 수성은 어렵습니다(창업이 수성난, 創業易 守成難)

건원릉 봉분을 덮고 있는 억새를 보면 낯설고 섬뜩합니다. 죽어서조차 부드러운 잔디 이불을 덮지 못하고 있는 이성계의 운명을 봅니다. 철침처럼 숭숭 솟은 억새풀 아래 태조가 누워 있습니다. 함께 묻히길 원했던 그리운 여인, 계비 강씨는 저 멀리 정릉에 있습니다.

창업創業은 쉬우나 수성守成은 어렵습니다. 맨손으로 호랑이를 때려잡았다는 천하의 맹장 이성계도 권력의 맛을 맘껏 음미하지 못했습니다. 재위 6년 2개월, 전반기는 개국 창업에 정신이 없었고, 후반기는 분노와 눈물로 세월을 보냈습니다.

태조는 6명의 부인에게서 8남 5녀를 두었습니다. 그 중 향처鄕妻 :고향에 있는 부인인 정비 신의왕후 한씨와 그녀의 소생 여섯 명의 아들(방우, 방과, 방의, 방간, 방원, 방연), 경처京妻: 서울에 있는 부인인 계비 신덕왕후 강씨와 그녀의 소생 두 아들(방번, 방석)이 조선 개국 초 역사 잔혹극에 주연, 조연을 맡습니다. 각본, 연출 겸 주연은 태조 이성계입니다.

향처 한씨는 이성계와 혼인한 후 함흥 운전리에 살았습니다. 전장을 누비는 남편을 멀리서 후원하는, 묵묵히 고향을 지키는 부인입니다. 둘째 부인 강씨는 젊고 총명하고 친정이 권문세가였습니다. 태조의 입신에 큰 힘이 되었습니다. 그녀는 정도전 등 신진사대부 출신들과 친밀한 관계를 맺고 있었습니다. 무지랭이 분위기를 풀풀 풍기는 첫째 부인 한씨는 조선 건국 전인 1391년에 죽었습니다. 그래서 그녀의 무덤은 개성(제릉)에 있습니다. 태조의 총애가 강씨에게 기운 것은 당연하겠지요. 강씨가 자기 자식을 세자로 책봉하려 한 것 또한 인지상정이겠지요.

아버지와 아들 간에 전쟁 _

사고의 발단은 너무 일찍 시작되었습니다. 조선이 개국한 것은 1392년 7월, 한 달 뒤인 1392년 8월에 강 씨 소생인 여덟 째 아들 방석이 세자로 책봉됐습니다. 방석의 나이 불과 11세. 세자 자리를 어린애에게 사탕 한 알 주는 것쯤으로 여겼는지? 아니면 이 녀석이 청년이 될 때까지 키우고 지킬 것이라 자신했는지?

방석의 세자 책봉에 가장 큰 불만을 가진 행동파이며 야심가인 정안군 방원은 26세였습니다. 방원은 맏형인 방우를 세자로 책봉해야 한다고 주장했습니다. 그러나 방원은 이미 태조의 눈 밖에 났습니다. 체질과 성향이 비슷한 존재들은 서로 경계하고 멀리합니다. 서로의 속내를 잘 알기 때문입니다. 양극은 양극을 밀치고 음극은 음극을 싫어합니다.

나는 억울하다 _

방원은 억울했습니다. 온갖 비난을 감수하며 백성들로부터 존경받던 정몽주까지 죽였습니다. 정몽주의 핏자국이 선죽교에 선명한데 나는 뭐냐? 공양왕을 폐위시키는 악역에 앞장섰지만 개국 공신 책록에도 제외되었습니다. 아버지를 위해서, 조선을 위해서 물불을 가리지 않았는데, 대가가 없다니? 보상이 없다니? 목숨 건 혁명이 무보수 자원봉사냐? 씨~! 이판사판이다. 모 아니면 도다. 왕자의 난이 시작되었습니다.

'이놈아, 너는 아니야. 너는 살기가 자욱해. 용勇은 빼어나지만 유柔가 없어. 그래서 너는 아니다. 무한 용맹은 나 하나로 족하다. 너는 너무 격해. 그래서 나는 너를 버린다.'

권력 중심에서 방원을 밀쳐버린 태조의 한숨, 늙은이의 고민이 깊습니다. 그러나 아리따운 강비의 유혹과 깍두기 머리에 검은 양복 입은 측근들의 90도 인사가 든든합니다. 10년 후면 세자가 스물한 살이 된다. 왕권을 거머쥐고 휘두를 수 있다. 그 때까지 튼튼하게 키우리라. 태조는 각오를 다집니다.

왕자의 난이 시작되다 _

1398년, 무인년 8월 25일, 그 날 밤은 스산했습니다. 이른 낙엽들이 사르르 날리는 가을밤입니다. 같은 하늘 아래 살기 싫은 계모 강비는 2년 전에 죽었습니다. 태조는 병환중입니다. 한씨 소생 아들들이 시퍼렇게 벼린 칼을 들고 모였습니다. 거친 숨을 억누르며 방원이 입을 열었습니다.

"형님들! 더 이상 때를 미룰 수 없습니다. 아버님의 마음은 이미 우리 곁을 떠났습니다. 정도전 일당이 우릴 죽일 겁니다. 선수를 치는 것만이 우리가 사는 길입니다. 어떻게 세운 나라인데, 우린 개밥의 도토리보다 못합니다."

형제들은 비장했습니다. 그들이 거느린 사병私兵들에게 업무를 분담시켰습니다.

신속, 정확하게 그리고 깔끔하게 끝내라. 정도전, 남은, 심효생 등 세자를 옹위하며 신권정치를 주장하는 무리들을 전광석화처럼 살해했습니다. 그리고 화의 근원인 세자 방석, 그의 한 살 위 형인 무안대군 방번을 체포했습니다. 그 후 그를 귀양보냈다가 죽였습니다. 방석의 나이 17세. 역사는 이것을 '제1차 왕자의 난', '방원의 난', '무인정사' 등으로 부릅니다.

소식을 전해들은 태조는 가슴을 쳤습니다.

"이놈들이, 이노옴들이, 방원이 이노옴!"

피는 물보다 진하다고? 이들에겐 아닙니다. 권력이 피보다 진합니다. 병석에 있는 예순 네 살 노인 태조는 식음을 전폐했습니다. 패배를 모르고 휘달렸던 30년 장수생활, 새 왕조를 일으켜 억조창생을 자식처럼 돌보겠다던 각오가 무참하고 허망했습니다. 상심의 극한에서 넋이 빠졌습니다.

'이놈들, 오냐! 니놈들 멋대로 해라.'

아버지와 아들이 원수가 되다 _

태조는 왕자의 난이 일어난 다음 달, 1398년 9월, 둘째 아들 방과에게 왕위를 물려주었습니다. 거사에 성공하자 하륜, 이거이 등 방원의 심복들이 방원을 세자로 책봉하려 했으나 방원이 극구 사양했습니다. 방원의 뜻에 따라 둘째 방과가 세자로 책봉되고 왕위에 올랐습니다.

태조는 1차 왕자의 난 후에 상왕, 2차 왕자의 난 후엔 태상왕이란 이름으로 시름의 날을 보냈습니다. 살육전의 중심에 방원이 있음을 알지만 이빨 빠진 사자, 늙은 용은 마른 눈물을 삼킬 뿐입니다. 용서와 화해를 하기에도 늦은 나이에 태조는 분노와 증오를 한 아름 안고 고향 함흥으로 가버렸습니다. 논산 훈련소 쪽으로는 오줌도 누지 않는다는 예비역들처럼, 태조는 방원이 있는 곳으로 얼굴도 돌리지 않았습니다.

가서는 돌아오지 않는 이름, 함흥차사 _

태조의 마음을 돌리려고 방원이 보낸 차사들을 이성계는 오는 족족 죽였습니다. 가서는 소식 없는 이름, 함흥차사입니다. 아비를 제대로 모시지 못하는 이가 어찌 만백성의 어버이가 될 수 있을까. 방원(3대 태종)의 심경 또한 쓴맛의 연속입니다. 부자간에 불구대천지원수가 되어 있는데 어찌 국론통일, 화합을 말할 수 있으랴. 함흥에서 이를 갈고 있는 늙은 용을 궁으로 모셔올 방도는 없는가? 함흥차사로 발탁되면 바로 죽음이니 용기와 재주가 무용지물입니다. 여러 명의 신하들이 이미 희생되었습니다.

무학대사 나서서 _

증오, 분노, 울화가 가슴 속에 차고 넘친 이성계를 다시 한양으로 모셔온 이는 무학대사였습니다. 무모한 죽음을 더 이상 없게 해달라는 방원의 간청으로 무학대사가 나섰습니다.

"전하! 태상왕 전하! 어찌 악을 악으로 갚으려 하옵니까? 증오의 우물은 퍼내도 퍼내도 한이 없습니다. 미움을 거두고 백성들을 생각하시옵소서."

"자식 없는 대사가 한없이 부럽소. 나는 무엇을 위해 한 평생 살아온 것이오? 대답 좀 해 주시오."

태조는 오랜 친구이자 스승인 대사의 무릎에 얼굴을 파묻고 통곡했습니다.

1402년 태조는 한양으로 돌아왔습니다. 궐내에 덕안전이란 법당을 짓고 염불삼매의 나날을 보내다가 1408년 5월24일 창덕궁 별전에서 74세로 이승을 하직했습니다. 지금, 원치 않았던 자리, 동구릉 내 건원릉에 누워있습니다. 말년의 염불삼매가 아니었더라면 지금 당장 병풍석을 걷어차고 일어날 것 같습니다.

'전하, 밤새 안녕하시옵니까?'

🔺 건원릉 健元陵

조선을 세운 태조 이성계의 능으로 동구릉(p.24 참조)에서 가장 중앙 깊숙한 곳에 있다.

퀴즈

📑 조선 27대 왕의 묘호 첫 글자를 순서대로 암기해보세요. 조선 역사를 순서대로 이해하는데 참 좋아요.

답) 태정태세 문단세, 예성연중 인명선, 광인효현 숙경영, 정순헌철 고순

📑 1388년 이성계는 명나라 요동을 정벌하기 위해 압록강 하류에 있는 섬에 진을 치고 있다가 군대를 돌려 개경을 공격했다. 이것을 무엇이라고 하는가?

답) 위화도 회군

토론해봅시다

💬 고려왕조 말의 부패상을 알아보고 역성혁명이 일어난 이유는?

💬 이성계가 11세 방석을 세자로 책봉한 이유는?

왕조의 시작,
여인의 파란만장도 시작

홀로, 외따로 떨어져 있는 무덤, 정릉엔 이런 사연이 있어요

이성계와 이방원의 갈등을 250여 년 동안 감당해야했던 여인, 피지도 못한 10대의 아들딸을 죽음으로 몰아넣은 여인, 죽어서도 이리저리 찢기고 밟힌 여인, 그녀가 신덕왕후 강씨입니다. 정릉에는 한이 많습니다. 아들을 왕위에 올리려다가 편한 무덤조차 갖지 못했습니다.

　문상객이 뜸한 초상집 풍경은 처량합니다. 고인의 생전 이력, 자손들의 숫자와 사회적 지위에 따라 초상집 풍경은 흥청거리기도하고 적막하기도합니다. 외따로 떨어진 무덤은 초라해 보입니다. 죽어서조차 옆구리가 시립니다. 신덕왕후의 정릉이 그렇습니다. 조선 왕릉 중 홀로 묻힌 단릉은 많습니다. 그러나 대부분 왕릉군에 속해 있어 가까운 곳에 말동무할 혼령들이 있습니다.

　홀로 외따로 떨어진 무덤은 3기뿐입니다. 정릉(신덕왕후-서울 성북구 정릉동), 장릉(6대 단종-강원도 영월), 사릉(단종비 정순왕후-경기도 남양주시). 이들은 죽어서도 외롭습니다.

버들잎 한줌에 운명이 바뀐 여인 _

이성계가 젊은 장수 시절, 부하들을 거느리고 호랑이 사냥을 하다가 목이 말라 물을 찾았습니다. 멀리 우물가에서 물 긷는 처녀가 있어 다가갔습니다. 숨을 헐떡이

며 급히 말에서 내렸습니다.

"낭자, 물 한 바가지 주시오."

우락부락한 무장들이 우물가에 우르르 들이닥치자 처녀는 놀랐습니다. 처녀는 고개를 숙이고 그들을 바로 쳐다보지 못했지만 침착했습니다. 두레박으로 샘물을 길어 바가지에 부어 건네려다가 멈칫하더니, 우물가에 있는 버들잎 한줌을 따서 물에 띄웠습니다. 화가 난 부하들이 버럭 소리를 질렀습니다.

"이 무슨 고약한 짓이냐?"

수하 장졸들은 허리춤에 찬 칼을 들썩거립니다. 고개를 숙인 처녀는 차분했습니다.

"갈증이 나서 급히 달려오신 것 같습니다. 급히 드시면 목이 막힐 것 같아 버들잎을 불어가며 천천히 드시오소서."

이성계는 그녀의 지혜와 미모에 감탄하여 한동안 넋을 잃었습니다. 이렇게 인연을 맺은 처녀가 신덕왕후입니다. 가끔 들르는 고향 함흥에서 집을 지키고 있는, 촌년 냄새 물씬 풍기는 본처 한씨에 비할 바 아닙니다.

강씨는 판삼사사 강윤성의 딸입니다. 그녀의 숙부 강윤충, 강윤휘 또한 고려 왕조의 고관들입니다. 고려 말 권문세족이었던 강씨의 친정은 이성계의 권력형성, 조선 개국에 큰 힘이 되었습니다. 이성계는 빵빵한 처가집 덕을 톡톡히 보았습니다.

아들을 세자로 만들었으나 _

이성계의 첫 번째 부인 한씨는 걱실걱실한 6남2녀를 낳고 조선이 개국하기 전에 죽었습니다(55세, 1391년). 1392년 7월 17일 태조가 왕위에 오르자, 8월 2일 강 씨는 현비로 책봉되었습니다. 조선 최초의 공식 왕비입니다. 방번, 방석 두 아들과 딸 경순공주를 낳았습니다. 태조의 총애가 지극하고, 정도전 등 믿음직한 신진 사대부들이 곁에 있습니다. 강씨는 자신이 낳은 두 아들 중에서 대통을 이을 세자로 만들어야겠다는 야심이 생겼습니다. 비극의 싹이 움튼 것입니다.

태조와 은밀히 협의하여 자신이 낳은 첫째 아들 방번을 세자로 내정했으나 정도전, 배극렴, 조준 등 원로들이 '방번은 성격이 광망하고 경솔하다'고 반대해서 동생인 방석(11세)을 세자로 삼는데 성공했습니다. 이 때 주먹을 부르르 떨며 분통을 터뜨린 호랑이가 있었으니, 혈기왕성하고 군사 조직(사병)을 갖춘 26세 청년, 방원입니다.

그러나 강씨는 친아들의 등극을 보지 못하고, 아들딸에게 엄청난 화의 덩어리를 남기고 병사했

청계천 광통교 보수 공사에 쓰인 정릉의 병풍석(위)
창덕궁 공터에 야적된 정릉의 난간석(아래)

습니다(1396년). 출생 연도에 대한 기록은 없으나 30대 후반~40대 초반에 죽은 걸로 추측됩니다. 이때 예순 둘의 태조는 군왕의 품위마저 망각하고 대성통곡했습니다.

정릉의 수난사 _

태조는 궁에서 가까운 도성 안에 정릉을 조성했습니다. 그리고 원찰願刹, 죽은 사람의 화상이나 위패를 모셔 놓고 명복을 비는 절로 능 동쪽에 170여간의 흥천사를 세워 조계종의 본산으로 삼았습니다. 태조는 정릉의 아침 재 올리는 종소리를 듣고서야 수라를 들었습니다.

실권을 장악한 방원의 보복은 무자비했습니다 _

그 표적에 죽은 강씨가 있습니다. 이빨 빠진 사자가 되어버린 아버지, 그의 말은 방원에게 씨알이 먹히지 않았습니다.

방원(3대 태종)이 즉위하자 정릉 파괴가 시작됩니다.

"정릉은 도성 안에 있고 능역이 광대하다. 능역 100보 밖까지 주택지로 허하노라."

태종과 코드가 맞는 하륜 등 세도가들은 얼씨구나! 다투어 정릉 숲을 베어내고 집을 지었습니다. 뒷방 늙은이 태조는 눈물만 흘렸습니다. 태조가 죽자(1408년, 태종 8년) 정릉의 운명도 곤두박질칩니다. 태조가 죽은 1년 후, 1409년.

"도성 안에 능이 있다는 것은 옳지 못하다. 이장하라. 강비는 선왕의 둘째 부인이다. 후궁으로 예우하라."

그래서 정릉은 현 위치(경기도 양주 사한리, 현재 서울 성북구 정릉동)로 옮기고 능을 묘로 격하시켰습니다. 이장작업에 정성을 들인 사람은 아무도 없었습니다. 빚쟁이 이삿짐 싸듯이, 처삼촌 벌초하듯이 무례와 무성의가 난무했습니다. 병풍석은 허물어 궁궐 공터에 야적했습니다. 이듬해 청계천 광통교가 홍수로 유실되자 그 석물들을 가져다 썼습니다. 현재 정릉에는 병풍석이 없습니다.

260년 만에 복권되다 _

1669년(18대 현종10년) 11월 1일, 묵은 낙엽을 적시는 겨울비가 내리는 날입니다. 겨울비답지 않게 주룩주룩 내립니다. 정릉 일대가 빗물로 흥건합니다. 이날은 정릉의 정자각이 완공되고 종묘에서는 신덕왕후의 신위가 260여 년 만에 태묘에 배향되었습니다. 신덕왕후의 명예회복, 복권의 날입니다. 이날 내린 비를 세원지우洗寃之雨라고 합니다.

무자식 상팔자인가요. 태조와 신덕왕후는 자식들에게 단단히 혼난 인물들입니다. 평범한 집안이었으면 어찌 그런 패륜이 있었겠습니까. 그들에겐 권력이란 크고, 무겁고, 달콤한, 판도라 상자 같은 것이었습니다. 태조 등극 전에 죽은 첫째부인 한씨(신의왕후)는 둘째 아들(2대 정종) 가까이에(개성) 편히 잠들어 있습니다.

🌑 정릉貞陵

1대 태조의 계비 신덕왕후 강씨의 능으로 서울 성북구 정릉 2동 산 87-16에 있다.

태조가 고려 왕릉을 본떠 온갖 정성을 쏟아 조성한 조선 최초의 능이다. 현재 정릉은 이장, 복원된 것이다. 능에 오르면 병풍석 없는 봉분과 고석(받침돌)이 두 개뿐인 혼유석, 무인석은 없고 문인석만 있다.

||||| 사적 제208호
||||| 면적 29만9,574㎡(9만0,621평)

퀴즈

📑 신덕왕후의 두 아들 이름은?

답) 방번, 방석

토론해봅시다

💬 태종 이방원이 신덕왕후를 미워한 이유는?

왕위를 버리고 신나게 살고
천수를 누리다

매력 없는 왕, NO. 1 정종! 그러나?

원치 않던 권좌, 삶과 죽음을 넘나드는 아슬아슬한 칼날 위에서 그는 훌쩍 뛰어내렸습니다. '나, 임금 노릇 정말 싫어!'. 여론을 슬쩍 떠보니, '전하, 고정하시오소서! 어찌 그런 망극한 말씀을 하시오니까. 신들의 가슴이 천 갈래 만 갈래 찢어집니다.' 입에 발린 간언을 길거리에서 받은 광고지처럼 내쳤습니다.

　조선 역대 왕 중 매력 없는 왕의 순위를 매기라면, 정종은 둘째가라면 서럽습니다. 어딜 봐도 야심, 패기, 술수, 카리스마가 보이지 않습니다. 2대 정종이란 묘호가 아깝습니다. 그래서 묘호를 얻는데 262년이 걸렸습니다. 40대 초반 2년2개월 동안 잠깐 왕위에 있다가 63세에 죽었습니다. 죽은 후 오랫동안 묘호도 없이 공정왕으로 불리다가 1681년(19대 숙종7년)에 정종이란 묘호를 받았습니다. 대통령 권한대행은 대통령인가요? 아닌가요? 권한대행 기간 중에는 대통령에 준하는 예우를 받지만 대통령은 아닙니다. 세월이 흘러도 권한대행이란 꼬리표가 소멸되지 않습니다. 정종의 옥좌는 방원이 왕권을 접수하기 위해 잠시 머문 주막이었습니다.

제2대 정종 가계도

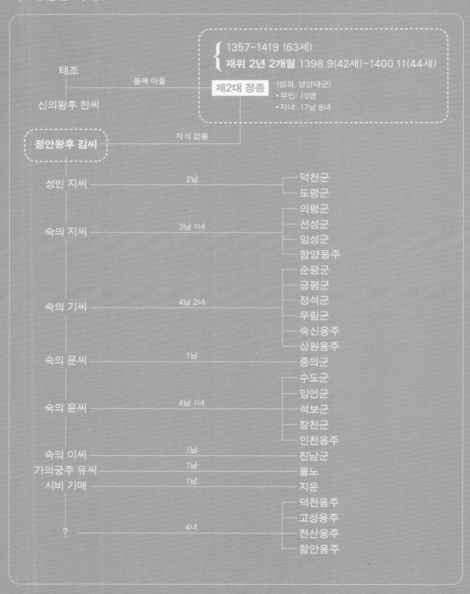

태조 ——— 둘째 아들 ———

신의왕후 한씨

1357~1419 (63세)
재위 2년 2개월 1398.9(42세)~1400.11(44세)

제2대 정종 (방과, 영안대군)
· 부인: 10명
· 자녀: 17남 8녀

정안왕후 김씨 ——— 자식 없음

성빈 지씨 ——— 2남 ——┬ 덕천군
                      └ 도평군

숙의 지씨 ——— 3남 1녀 ——┬ 의평군
                         ├ 선성군
                         ├ 임성군
                         └ 함양옹주

숙의 기씨 ——— 4남 2녀 ——┬ 순평군
                         ├ 금평군
                         ├ 정석군
                         ├ 무림군
                         ├ 숙신옹주
                         └ 상원옹주

숙의 문씨 ——— 1남 ——— 종의군

숙의 윤씨 ——— 4남 1녀 ——┬ 수도군
                         ├ 임언군
                         ├ 석보군
                         ├ 장천군
                         └ 인천옹주

숙의 이씨 ——— 1남 ——— 진남군
가의궁주 유씨 ——— 1남 ——— 불노
시비 기매 ——— 1남 ——— 지운

? ——— 4녀 ——┬ 덕천옹주
             ├ 고성옹주
             ├ 전산옹주
             └ 함안옹주

당시 분위기상, 태조 이성계의 왕위를 이을 다음 타자는 당연히 방원 _

정종에 의해 1400년 2월에 방원이 세자로 책봉되었습니다. 족보가 이상합니다. 방원은 정종의 동생입니다. 그렇다면 세자가 아닌 세제가 되어야 합니다. 그러나, 정종을 왕으로 인정하지 않으려는 당시 조정 분위기 때문에 형식적으론 방원이 정종의 왕위를 이었지만 실제론 태조의 세자로 왕위를 이었다는 것입니다. 권력은 쟁취하는 것이지 엉겁결에 잔칫집에 들어서서 받아든 밥상이 아닙니다.

버리면 얻으리라 _

우왕좌왕하다가 동생에게 왕위를 내 주었으니 기분 참 더러웠을 것이라고요? 마음먹기 달렸습니다. 아버지 이성계의 역성혁명, 왕자의 난 등을 가까운 거리에서 지켜본 그는 피비린내의 근원, 권력의 속성을 알고 있었습니다. 목숨을 걸지 않으면 보상이 없습니다. 목숨을 걸어도 금메달은 한 개 뿐입니다. 나눌 수도 쪼갤 수도 없습니다.

　1차 왕자의 난이 성공을 거두고 세자 책봉 문제가 초미의 관심사였습니다. 방과(정종)는 이미 판세를 읽었습니다. 그래서 진중한 목소리로 주장합니다.

　"당초부터 대의를 주장하고 개국하여 오늘에 이른 업적은 모두 정안군(방원)의 공로인데 내가 어찌 세자가 될 수 있겠는가?"

　방원은 흐느끼는 척하며 간청합니다.

　"큰 형님(방우)이 돌아가시고 없는 마당에 방과 형님이 장자십니다. 형님이 마땅히 대통을 이어야합니다. 엎드려 비오니 내치지 마십시오."

　방원의 속내를 어찌 모르랴. '그래, 완충장치가 필요하다. 화병으로 쓰러질지도 모를 아버지를 위해 내가 잠시 방원의 다리가 되자. 내 등을 밟고 옥좌로 가거라.

실권은 이미 너에게 있으니, 나는 잠시 세탁소에서 빌린 용포를 입고 사진 몇 장 찍고 물러나리라.'

정종은 왕이 되었지만 _

스스로 다짐한 각오를 지켰습니다. 세력을 모으는 낌새가 있으면 야밤중에라도 방원의 수하들이 칼을 들고 침전으로 쳐들어올 것입니다. 내관들마저 방원 측 인물들입니다. 정비 정안왕후 김씨 사이에 자식도 없었습니다. 이것도 그들이 천수를 누린 이유입니다.

정종, 자유인이 되다 _

2년 2개월의 짧은 권한 대행을 마치고 정종은 상왕이 됩니다. 편하고 자유로운 상왕 노릇을 19년간 했습니다. 동네 목욕탕에도 맘대로 못가고 골프 한 번 치러나갔다가는 기자들이 두더지처럼 따라붙어 구설수를 만들어내는 전직 대통령들은 정종이 부러울 것입니다.

　3대 임금으로 즉위한 방원은 정종을 상왕으로 삼고 극진히 예우했습니다. 1400년 12월 상왕전에 나아가 '인문공예상왕'이란 존호를 올리고 이르기를,

　"태조에 이어 나라를 평안케 하셨고 인애를 다하여 저를 즉위토록 명하셨습니다. 엎드려 바라옵건데 전하께서는 도를 즐기시고 한가로이 지내시면서 마음을 편안히 가지옵소서. 충심에서 우러난 소원이오니 굽어 살피시고 다복한 상서를 받으소서."

　이것은 방원의 진심이었습니다. 권력을 얻은 자의 시혜였습니다. 정종은 그 뜻

후릉 전경

을 흔쾌히 받아 실행했습니다. 상왕은 격구, 사냥, 온천 여행, 파티의 고수였습니다.

호색한인지 보신책인지 그는 부인을 10명이나 두었습니다. 정비에게는 자녀가 없었지만 후실들에게서 17남 8녀를 두었습니다. 자식들 이름이나 다 기억할까요.

부인을 10명 이상 둔 왕들은, 3대 태종(10명, 12남17녀), 9대 성종(12명, 16남12녀), 11대 중종(12명, 9남11녀), 15대 광해군(10명, 1남1녀) 등 5명입니다. 왕들의 혼인은 스스로의 선택이 아닙니다. 권력과 연줄을 맺으려는 세도가들이 다투어 딸을 바친 결과물입니다. 정종이야 애초에 권력자가 아니었으니 자발적 의지로 보입니다. 부인이 많다고 청문회에 나가 혼쭐나는 시대도 아니니, 얼쑤! 지화자!

욕심 없는 아내가 굿! _

정종보다 7년 먼저 죽은 정안왕후 김씨는 사려 깊고 공손한 성품의 여인이었습니다. 덕행으로 아랫사람을 다스리고 우애로써 친족과 친교를 두텁게 했습니다. 김씨는 정종의 즉위 때부터 조심스럽게 반대했습니다.

"그 자리는 우리 자리가 아니옵니다. 바람 부는 방향은 이미 정해졌는데 돛단배가 어찌 사태를 거스를 수 있겠습니까?"

정종은 부인을 달랬습니다.

"하늘의 뜻이 우리에게 있지 않다는 것을 압니다. 잘못 발을 들여놓으면 목숨을 부지할 수 없다는 것도 압니다. 그러나 방원의 뜻이 저렇게 강하니 어쩌겠소."

왕위에 앉은 2년 동안, 그들은 그것을 지키기 위해 안간힘을 쓴 것이 아니라 뛰어 내릴 궁리만 했습니다. 그들은 천수를 누렸습니다. 정종 63세, 김씨 58세에 이승을 하직했습니다. 세상을 떠난 후 바로 묘호를 올리는 것이 원칙이었으나, 묘호를 올리지 않았습니다. 명나라에서 내린 공정왕恭靖王이라는 시호로 불리다가 1681년(19대 숙종 7)에 묘호를 올렸습니다.

후릉의 석물들

　　정종은, 무능하고 겁 많은 소인배인가요? 시대의 코드를 읽은 대장부인가요? 함량미달인 인사들도 주변에서 바람을 잡는다고 대권 후보에 이름을 올립니다. 출마가 직업인 사람도 있지만 성공한 경우는 못 봤습니다. 참가에 의미를 두는 것은 스포츠입니다. 마라톤 완주에는 격려를 보내지만 깜냥 모르고 '못 먹어도 고오'라고 설치는 정치꾼은 공공의 적, 가문의 원수입니다.

🔵 후릉厚陵

2대 정종과 정안왕후 김씨의 능으로, 개성시 판문군 령정리에 있다.

후릉 가는 길은 지금 없다. 북녘땅에 있으니, 죽어서도 왕따다. 후릉은 당대 명건축가 박자청의 작품으로 추정된다. 태종의 헌릉과 쌍둥이처럼 닮았다. 헌릉(3대 태종의 능)을 보면 북녘에 있는 후릉을 본 셈이 된다. 두 쌍의 문인석, 무인석의 모습도 헌릉과 다르지 않다. 병풍석을 둘렀으며 면석에 12지상을 새겼고 왕과 왕비의 능 앞에 각각의 장명등을 세운 것, 혼유석 받침돌(고석)이 5개인 조선 초기 양식이며 이는 고려 왕릉의 형식을 답습한 것이다.

퀴즈

📋 '정종'이란 묘호를 받는 데 걸린 시간은?

　답) 승하 후 262년

토론해봅시다

💬 정종 승하 후 바로 묘호를 올리지 않은 이유는?

제3대 태종 가계도

태조

신의왕후 한씨

다섯째 아들

{ 1367~1422(56세)
재위 17년 10개월 1400.11(34세)~1418.8(52세)

제3대 태종 (방원. 정안대군)
• 부인: 10명
• 자녀: 12남 17녀

원경왕후 민씨 ——— 4남 4녀 ———
- 양녕대군
- 효령대군
- 제4대 세종 (충녕대군)
- 성녕대군
- 정순공주
- 경정공주
- 경안공주
- 정선공주

효빈 김씨 ——— 1남 ———
- 경녕군

신빈 신씨 ——— 3남 7녀 ———
- 함녕군
- 온녕군
- 근녕군
- 정신옹주
- 정정옹주
- 숙정옹주
- 소신옹주
- 숙녕옹주
- 숙경옹주
- 숙근옹주

선빈 안씨 ——— 1남 2녀 ———
- 의녕군
- 소숙옹주
- 경신옹주

의빈 권씨 ——— 1녀 ——— 정혜옹주

소빈 노씨 ——— 1녀 ——— 숙혜옹주

숙의 최씨 ——— 1남 ——— 희령군

덕숙옹주 이씨 ——— 1남 1녀 ———
- 후령군
- 숙순옹주

고씨 ——— 1남 ——— 혜령군

김씨 ——— 1녀 ——— 숙안옹주

아버지, 아버지를 부정하리라

태종은 대권 재수생 출신입니다 _

태종은 힘든 재수를 해서 합격(등극-왕이 됨)한 후에도 합격의 영광을 맘껏 누리지 못했습니다. 두 차례의 왕자의 난을 치루고 피방석을 깔고 권좌에 올랐습니다. 왕이 된 이후에도 아버지 이성계는 여전히 '방원이 이노옴!'이라고 멸시합니다. 태종은 결심합니다. 최소한의 도리를 제외하고 아버지를 부정하리라.

부자간의 반목을 오디푸스 콤플렉스, 거세 콤플렉스로 설명하기도 합니다. 거기에 절대 권력이 개입되어 있으면 반목은 활화산이 됩니다.

업장業障은 짧고 과보果報는 길다 _

"아바마마, 아바마마! 태상왕 전하!"

태종의 흐느낌이 침전 밖까지 들립니다. 강철 덫에 발목 걸린 맹수처럼 깊고 처절한 울음입니다. 뜨겁고 끈적끈적한 눈물이 용포를 적십니다. 내관들은 파랗게 질린 낯빛으로 안절부절 못합니다. 철벽같은 장애를 두려움 없이 까부수고 권좌에 올라 여기까지 왔는데, 숱한 저주의 아우성마저 환호로 여기며 예까지 왔는데, 내

일은 또 어떤 보고가 올라올까. 밤이 이슥토록 용포도 벗지 못하고 앉아 주먹으로 눈가를 훔치고 있습니다.

더 이상 손에 피를 묻히고 싶지 않은데, 자신이 만든 핏물이 몸을 잠그고도 넘치거늘, 앞날은 캄캄하기만 합니다. 이승에 없는 아버지를 목 놓아 부르지만 대답이 없습니다.

세자 양녕의 기행奇行은 날이 갈수록 가관입니다. 기행이 도를 너머 만행蠻行입니다. 태종의 속은 숯검정이 되어 갑니다. 태조의 가슴에 박았던 대못이 자신의 가슴에 쇠말뚝이 되어 박힙니다.

"전하, 세자 저하가 몰래 궁을 나가 여태 소식이 없습니다."

"전하, 세자 저하가 저자의 기생집에 머무르고 있다하옵니다. 그 기생은 상왕(정종) 전하께서 아끼는 기생이라하옵니다."

보고가 두렵습니다. 여염의 난봉꾼을 능가하는 행태가 계속 보고됩니다. 세자는 민가의 사내들조차 엄두 못 낼 야만을 연일 저지르고 다닙니다. 권력을 위해 아버지에게 무자비했던 업보가 고스란히 자신에게 돌아오고 있습니다.

태종은 왕권강화를 절대가치로 규정했습니다. 신흥 왕조의 왕권에 도전하는 세력은 가차 없이 처단했습니다. 태종 5년(1404), 11세의 양녕대군을 세자로 책봉했습니다. 적통 장자의 왕권 계승을 확립하기 위해서입니다. 태종 자신도 건강한 38세니 제왕 수련에 자신이 있습니다.

외척 세력이 날뛰는 것을 좌시하지 않았습니다. 정비 원경왕후의 4명의 남동생(민무구, 민무질, 민무휼, 민무회)을 처형했습니다. 양녕은 어린 시절을 외가에서 보냈습니다. 자연스럽게 외삼촌인 그들과 친했습니다. 그들은 세자의 위세를 업고 조정의 실세로 행세했습니다. 그들을 차례로 유배 보내고 자진自盡토록 했습니다.

분통터지는 보고만 올라온다 _

10년 동안 제왕 수업에 공을 들였지만 세자의 싹수는 갈수록 노랗습니다. 청년이 되어 색정에 눈을 뜨자 본격적으로 호색한이 되어갑니다. 24시간 밀착 감시를 명해도 소용없습니다. 세자에겐 궁궐이 구중심처가 아니라 신출귀몰의 놀이터입니다. 근신하라는 어명을 코웃음치며 날려버립니다. 수색대를 풀어 세자를 궁으로 잡아들여 놓으면 대궐이 떠나가라 소리치며 난동을 부립니다.

"어리야, 어리야! 어디 있느냐? 네년의 요분질이 그립구나. 이놈들아! 어리를 데려오너라."

주상의 침전 가까이까지 가서 소리를 질러댑니다. 시종들만 죽을 맛입니다. 어리는 세자 매형의 애첩인 기생입니다. 난봉질도 주로 친인척의 애첩을 건드립니다. 임금으로서, 아버지로서 태종의 체면이 낯을 들 수 없을 지경입니다. 자식이, 그것도 세자가 저 모양이니 왕의 권위가 말이 아닙니다. 온갖 비난을 감수하며 피범벅이 된 손으로 꼿꼿이 세우고자한 왕권이 세자의 일탈로 조롱거리가 되어가고 있습니다. 수시로 기생들을 궐 안에 끌어들이고 눈에 보이는 반반한 궁녀는 닥치는 대로 치마를 벗깁니다.

세자가 보낸 해괴한 편지 _

급기야 세자는 아버지 태종에게 포복절도할 편지마저 보냅니다.

"원기왕성하신 주상 전하! 아바마마께서는 어찌 그리 정력이 세십니까? 스물여덟에 소자를 낳으신 후 매년 한둘씩 아들딸을 생산하고 계십니다. 어마마마를 포함해 부인이 열 명이옵니다. 아직도 더 늘려갈 계획이신지요? 소자는 자랑스러운 아바마마의 자식입니다. 소자 또한 열 이상의 애첩을 거느리고 싶습니다. 소자의 이런 생각을 어찌 나무라십니까. 전하께서는 후궁 여럿을 거느려도 되고 소자는 기생 첩 하나 챙기지 못하니 이게 무슨 해괴한 법도입니까. 소자 또한 전하의 자식답게 정력이 왕성합니다. 소자의 용맹을 탓하지 마시고 격려해주십시오."

실록에 기록된 편지의 핵심은 위와 같습니다. 그야말로 막가파입니다. 차라리 뜯어보지 말고 불태워버릴 것을. 편지를 읽은 태종은 온몸을 떨었습니다. 태산도 옮기고 천군만마도 두렵지 않았거늘 20대 청년 양녕이 무섭고 두렵습니다. 자신이 휘두른 칼날에 사라져간 이들의 원귀가 양녕의 몸속에 엉겨 붙어 있는 것 같습니다. 저 세상에 있는 태조 이성계가 비웃는 것 같습니다.

방원이 이노옴!

"방원이 이노옴! 내 눈에 눈물이 아직 마르지 않았다. 남의 눈에 눈물을 흘리게 하면 제 눈에 피눈물을 흘려야한다. 이제야 알겠느냐! 네놈은 아비의 목을 치고도 남을 놈이야. 이제 양녕이 네 목을 치는구나."

태종은 벌떡 일어나 적막한 침전을 휘돌아다니며 소리칩니다.

"아바마마! 소자는 오직 이 나라 조선, 아바마마께서 세우신 조선을 튼튼하게 만들기 위해 악역을 마다하지 않았습니다. 누구도 왕권을 넘보지 못하도록 야욕 가진 자는 친소를 불문하고 처단했습니다. 권력은 둑과 같아서 적당히 아량을 베풀면 금세 터집니다. 아바마마, 소자의 처신이 진정 그토록 극악한 것이었습니까? 대답해주십시오."

용포를 찢으며 마취에서 깨어난 맹수처럼 비틀거리며 방안을 휘젓고 다닙니다. 사태를 수습하려는 내관마저 호통을 쳐서 내쫓습니다. 폐세자(세자 자리에서 폐함)를 주장하는 상소가 이미 산더미처럼 쌓였습니다. 적장자 왕통 계승의 꿈이 서서히

정자각에서 바라본 헌릉 전경

허물어져갑니다.

결국, 세자를 버리다 _

마침내 태종 18년(1418), 양녕대군은 폐세자가 됩니다. 그의 나이 25세, 세자가 된
지 15년만입니다. 1418년은 태종 재위 마지막 해입니다. 마지막까지 기대의 끈을
놓지 않았던 태종의 고민이 보입니다. 양녕은 태종 가슴의 날선 칼을 무디게 한 문
수보살의 화신입니다. 양녕이 아니었다면 태종은 이승에서 자기 성찰의 기회를 갖
지 못했을 것입니다.

　태종은, 비록 불화 그윽한 관계였지만 빵빵한 아버지의 유산을 물려받았고 야
심을 충족시킬 수 있는 용맹과 지략도 갖추었습니다. 그리고 왕이 되었습니다. 권
위에 도전하는 어떤 세력도 단칼에 베어버리는 과감성도 있었습니다. 양녕 하나
를 제외하고는 공손하고 충직한 12남 17녀의 자식도 있습니다. 오만의 극치를 달
릴 수 있었습니다. 양녕의 제동이 없었다면 그는 지금도 눕지 않고 뻣뻣이 서서 헌
릉 위에서 호령할 것입니다.

　폐세자 양녕은 유배되었습니다. 동생 충녕이 왕(4대 세종)이 된 후에도 감찰 대상
이었습니다. 유배지를 벗어나 함부로 돌아다니고 난잡한 행태를 멈추지 않아 대신
들의 탄핵 상소가 끊이지 않았습니다. 그러나 세종은 형님을 극진히 예우했습니다.
수십 차례 올라온 탄핵 상소를 끝내 거부했습니다. 양녕대군은 노년에 세조(7대) 편
에 서서 세종의 장손인 단종을 내쫓는데도 앞장섰습니다. 묘하고 드라마틱한 인물
입니다. 그는 천수를 누려 1462년(세조 8년) 69세를 일기로 죽었습니다.

　태종은 건강한 상태인 52세에 전격적으로 셋째 아들 충녕대군에게 왕위를 물
려주었습니다. 양녕을 폐하고 충녕을 세자로 삼은 지 두 달만입니다. 상왕으로 물

러난 뒤에도 군권에는 관여했습니다. 태종은 1422년 56세를 일기로 승하했습니다.

남편 못지않은 야심가 아내, 원경왕후

곁에 누운 정비 원경왕후 민씨와는 4남4녀를 생산했지만 태종과 화목하지 못했습니다. 남편이 왕이 되기 전에는 그녀는 총명하고 결단력 있는 내조자였습니다. 정도전 일파를 제거하는데 일조했고 남편이 위기에 처했을 때마다 능력을 발휘했습니다.

왕비가 된 후에는 태종과 불화가 그치지 않았습니다. 태종의 후궁이 많은 것은 권력 분산과 왕권 강화를 위한 책략이었지만, 민씨는 이것을 노골적으로 불평하고 투기했습니다. 남동생들을 부추겨 태종의 심기를 더욱 분기탱천하게 했습니다. 태종은 4명의 처남을 처형해버렸습니다. 그럼에도 불구하고 민씨는 오만불손을 서슴지 않았습니다. 폐비의 위기까지 이르렀으나 태종은 후일을 걱정하여 끝내 폐비시키지는 않았습니다.

그랬다면 연산군 때 일어난 사화가 훨씬 앞당겨졌을지도 모릅니다. 정이야 싸늘하게 식었지만 원경왕후는 태종 곁에 누워있습니다. 두 개의 능은 1미터 정도 간격으로 바싹 붙어 있습니다. 굵직한 지대석이 두 개 능을 이어주고 있다. 지금 이들은 돌아누워 있을까, 마주 보고 있을까요?

한 날 한 시에 태어난 난 손가락도 길고 짧습니다. 양녕에게 혼쭐이 난 태종에겐 불세출의 현군이라 칭송되는 또 다른 아들, 세종이 있습니다. 과연 세종은 미덕으로만 뭉쳐진 위인일까요. 그가 묻힌 영릉으로 갑니다.

헌릉獻陵

3대 태종과 원비 원경왕후 민씨의 쌍릉으로, 서울 서초구 내곡동 산 13-1에 있다. 가까이 23대 순조와 비 순원왕후 김씨의 합장릉인 인릉이 있다. 합쳐서 헌인릉으로 불린다.

헌릉은 두 개의 능을 난간석으로 연결했다. 남한에 있는 왕릉 중 유일하게 문인석, 무인석, 석양, 석호, 석마가 다른 왕릉의 두 배인 각 2쌍씩 설치되어 있다. 곡장 안의 석호, 석양 석물이 총 16개다. 특히 능의 뒤편에는 석호 네 마리가 모두 바깥쪽을 향하여 버티고 있다.

||||| 사적 제194호
||||| 면적 119만3,071㎡ (36만6,904평)

　태종은 재위 당시 명당을 찾아 1415년 지관 이양달의 추천으로 이곳을 수릉(살아있을 때 정해 놓은 무덤터)으로 택했다. 1420년 왕비 원경왕후가 승하하자 이곳에 안장하고 1422년 자신도 이곳에 안장됐다. 후에 태종 곁에 안장됐던 세종은 경기도 여주(영릉), 문종은 동구릉으로 천장했다. 헌인릉 정자각을 조금 벗어나면 작은 늪지대다. 능의 곡장 안에까지 배수로를 파놓았다. 경직성으로 뭉쳐진 태종의 가슴을 적시고자 하는가. 대모산에는 물이 많다.

퀴즈

📋 태종이 처남들을 죽이고 독재를 한 이유는?

　답) 왕권강화를 위해서

토론해봅시다

💬 태종과 그의 아버지 이성계와의 불화의 원인과 전개, 결말에 대해서 토론해봅시다.

한글 창제에 비밀이 있어요

아! 한글! 한글! _

한때 국보 1호를 다시 정하자는 논란이 있었습니다. 남대문 대신 교체 대상 1호가 훈민정음(한글)이었습니다. 한글을 생각하면 자다가도 벌떡 일어나 감격할 노릇입니다. 한글만큼 표현 영역이 다양화, 심화, 광역화, 고등화, 고급화된 문자는 없습니다. 아직, 국력과 언어 세력이 약하여 세계에서 힘을 쓰지 못할 뿐입니다. 세계 인구 74억 중 남북한 합쳐 7천만 정도만 사용하니 1%에 못 미치는 세력입니다. 언중言衆이 5억 명만 된다면 당당한 세계어가 됩니다.

숫자의 비밀 _

세종의 위업을 꼽자면 손가락, 발가락이 부족합니다. 그 중 엄지손가락의 몫은 단연 한글 창제입니다. 훈민정음 서문, '나랏말씀이 중국과 달라 문자와로 서로 사맛디 아니할쌔…' 지금도 달달 외고 있습니다. '國之語音 異乎中國…' 이것 역시 자다가 깨워도 외웁니다. 전자가 108자, 후자가 54자입니다. '월인석보' 장수는 108쪽, 국보 70호 훈민정음(책자)은 33장으로 구성되어 있습니다. 야릇한 냄새가 감지

제4대 세종 가계도

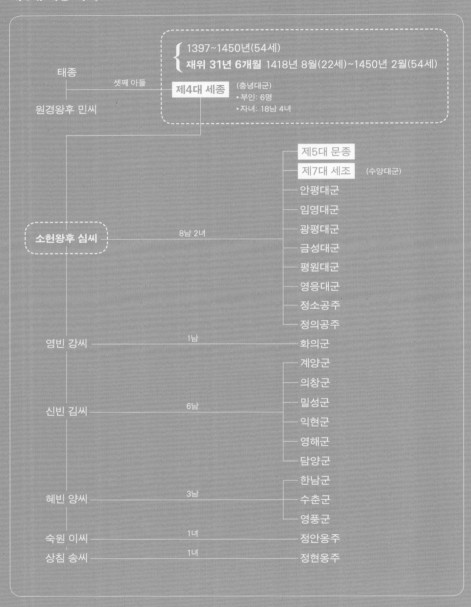

태종

원경왕후 민씨

셋째 아들

제4대 세종 (충녕대군)
- 부인: 6명
- 자녀: 18남 4녀

{ 1397~1450년(54세)
재위 **31년 6개월** 1418년 8월(22세)~1450년 2월(54세)

소헌왕후 심씨 ——— 8남 2녀 ———
- 제5대 문종
- 제7대 세조 (수양대군)
- 안평대군
- 임영대군
- 광평대군
- 금성대군
- 평원대군
- 영응대군
- 정소공주
- 정의공주

영빈 강씨 ——— 1남 ———
- 화의군

신빈 김씨 ——— 6남 ———
- 계양군
- 의창군
- 밀성군
- 익현군
- 영해군
- 담양군

혜빈 양씨 ——— 3남 ———
- 한남군
- 수춘군
- 영풍군

숙원 이씨 ——— 1녀 ——— 정안옹주

상침 송씨 ——— 1녀 ——— 정현옹주

됩니다.

한글 창제 후 집현전 부제학 최만리, 집현전 학사 신석조, 김문, 정창손이 올린 상소는 이렇습니다.

굳이 언문을 만들어야한다 하더라도 마땅히 재상에서 신하들까지 널리 상의한 후에 행하여야 할 것인데 갑자기 널리 펴려 하시니 그 옳음을 알지 못하겠나이다.

성삼문은 한글이 창제될 무렵 집현전에 들어왔고 신숙주는 창제 2년 전에 들어 왔으나 그 다음해 일본으로 갔습니다. '한글 창제의 기획 및 총괄 = 세종, 실무 담당 = 집현전 학사들'이란 통념에 의문이 갑니다.

신미대사를 기억합시다 _

민족사 위업에 기여한 공으로 훈장은 고사하고 실록에 기록조차 되지 않은 혜각 존자 신미대사를 떠올립니다. 대사는 범어, 티베트어, 각필 부호에 능했습니다. 훈민정음 창제 후에는 불서의 번역, 간행에 깊숙이 관여했습니다. 세조는 간경도감을 설치하여 대사에게 책임을 맡겼습니다. '석보상절' 편집 책임, '원각경', '선종영가집', '수심결' 등을 직접 번역했습니다. 훈민정음에 달통하지 않고서는 불가능한 일입니다. 나중에 한글을 배워서 번역했다면 시간적, 물리적으로 불가능합니다.
  국어학자들도 동의합니다

한글 창제에 참여한 신미스님이 주도면밀하고 은밀하게 노력을 기울인 까닭은 새로운 문자를 창제한 목적 중 하나가 불교의 보급에 있었기 때문이다. 종교적 염원이

어지 부분의 글자 수를 불교에서 신성한 수로 여기는 108자와 그 절반인 54자, 또 다시 그 절반인 27자 등으로 조절하는 등 은밀한 방법을 통해 반영됐다고 생각한 다. -김광해 서울대 교수

이러한 숫자는 우연의 일치라고 보기에는 너무 정교합니다. 그러나 한글 창제와 보급에 기여한 신미대사의 공적에 대해서 조선조의 사정은 매우 인색합니다. 대 그림자 마당을 쓸어도 마당에는 흔적 하나 남지 않습니다.

국어학자 이숭녕 선생은 이렇게 애석해했습니다.

신미대사는 불경 번역에 큰 공헌을 했다. 그의 행적이 뚜렷하지 않음은 그의 처세의 일단이 아닌가 한다. 고승이 법어, 시, 글 한편 남기지 않은 것은 너무도 적막한 생애를 스스로 걸어간 것 같다. 속세의 허무가 대사로 하여금 자취를 남기지 않게 한 것이 아닌가 여겨진다.

영릉 전경

한글창제에 이런 비밀이? _

몇 가지 상상적 추론을 해봅니다.

첫째, 한글 창제는 공개적인 국책사업이 아니었습니다. 연일 어전 회의를 거쳐 추진한 사업이 아닙니다. 그러면 벌떼 같은 반대를 감당할 수 없습니다. 실록에도 한글 창제에 대해 수시로 대신들과 논의했다는 말이 한마디도 없습니다. 세종의 은밀한 독자 작업의 산물입니다. 금융실명제 실시, 하나회 척결과 같은 것입니다.

둘째, 창제 과정에 집현전 학사들의 도움은 없습니다. 창제 후 그들 또한 반대 상소를 올린 것이 증거입니다.

셋째, 어학에 능한 신미대사가 흔적 남기지 않는 그림자로 도왔습니다. 공적에 대한 기록은 없고 어용승이란 비난의 기록만 있습니다. 그 역시 세종과의 은밀한 밀약으로 자신의 기여에 대해 일체 기록물을 남기지 않았습니다. 세종의 요청으로 왕의 침전에서 법문을 하기도 했습니다. 어찌 법문만 했을까요. 언어학 교습이 은밀히 이루어졌습니다. 세종은 한글 창제 후 활용, 배포에 대해서도 신미대사의 도움이 필요했습니다. 왕성한 불경 언해가 그것입니다.

혁명은 화려하나 혁명가는 외롭습니다 _

무혈 문자혁명을 달성한 세종은 생애 후반부에 불교에 귀의했습니다. 숭유억불의 국시를 바꾸지는 못했지만 불사를 자주 행하고 경전 읽기를 즐겼습니다. 대궐 안에 내불당을 세워 예불을 올렸습니다(세종 30년). 조정 대신, 집현전 학사, 성균관 유생들의 간언과 상소가 끊이지 않았습니다. 그러나 세종은 흔들리지 않았습니다. 그의 뜻이 견고했고 업적은 화려했습니다. 지지율 역시 상한가였습니다.

모든 정치가는 혁명가를 꿈꿉니다. 일세를 풍미할 회오리를 만들길 원합니다.

그러나 자기희생을 동반한 혁명이 아니라면 바람만 일으켜 민심을 혼미케 합니다. 무지개와 꽃보라를 만들어 혹세무민합니다. 수하들은 명분 만들기에 바쁩니다. 그런 미혹을 민초들도 즐깁니다. 혁명의 허전함을 느낄 때면 한 생애가 끝납니다. 역사가 이어지는 한 지속적으로 고맙게 사용할 물건을 만들어준 제왕, 혁명가의 이름, 세종대왕입니다.

대학 은사이신 국어학자 이동림 선생은 생전에 이런 말씀을 하셨습니다.

세종대왕이 만드신 스물여덟 자로 나는 평생 먹고 사네. 어디 나 하나뿐인가. 고마운 일이지. 허허허!

세종에게도 어두운 그림자는 있다 _

완전한 영웅을 갖고 싶은 것이 우리들의 욕망입니다. 그러나 불행하게도 그 욕망을 완벽하게 충족시킬 수 있는 인물은 없습니다. 그래서 신神이란 추상을 조성하기도 하고 부처(각자覺者-깨달은 자)란 실체 구현에 매달리기도 합니다.

세종은 태종의 셋째 아들입니다. 세 살 많은 큰형 양녕대군은 일탈의 극치를 달리다가 폐세자가 되고, 한 살 많은 둘째형 효령대군은 동생 충녕이 세자에 책봉되자 제행무상을 통감하고 불교에 귀의했습니다.

세종은 아버지 태종이 죽고 나서 왕위를 계승한 것이 아닙니다. 태종은 재위기간 중 네 번의 걸쳐 선위(살아있으면서 왕위를 물려주겠다)파동을 일으켰습니다. 외척 세력을 제거하고 왕권을 튼튼히 하기 위한 전략입니다. 예나 지금이나 선위파동, 탄핵파동은 엄청난 후폭풍을 몰고 옵니다. 태종은 52세에 세종에게 왕권을 넘겨줍니다. 자신은 상왕으로 물러앉아 왕권을 보호하고 권력의 보루인 군정 안정에 주

세종대왕 신도비(서울 동대문구 청량리동
세종대왕기념관 경내에 있다)

력한다는 계획이었습니다.

세종은 빼어난 효자, 모범생, 영재입니다. 아버지의 뜻을 거스르는 반항아가 아닙니다. 반항아의 모습은 큰형님 양녕에게서 질리도록 봤습니다.

부모복은 있었지만 자식복은 없는 세종 _

세종은 6명의 부인에게서 18남 4녀의 자식을 두었습니다. 아들 숫자로는 조선 역대 왕들 중 NO.1입니다. 그러나 부모복은 있었지만 자식복 있다고 말하기는 어렵습니다. 두 아들(맏아들 5대 문종, 둘째아들 7대 세조)이 왕위에 올랐지만 그들의 이름에는 어둠의 그림자, 피비린내가 엉겨 있습니다. 셋째아들 안평대군은 계유정란에 연루되어 36세에 사사, 다섯째아들 광평대군은 20세에 요절, 여섯째아들 금성대군은 단종 복위 모의가 발각되어 32세에 처형되었습니다.

풍수를 믿어야 하나요? 말아야 하나요? _

풍수는 고금을 막론하고 마력으로 신봉됩니다. 종교, 학벌, 지식 불문입니다. 김대중 전 대통령은 대권 재수에 실패하자 하의도의 선영을 용인으로 이장하고 자택을 동교동에서 일산으로 옮겼습니다. 불리한 여건 속에서 대통령에 당선되었습니다. IMF 극복, 남북 화해의 물꼬를 트고 한민족 최초로 노벨 평화상을 탔습니다. 풍수를 적극 활용하여 성공한 사례입니다.

세종 25년 풍수 최양선은 헌릉 곁에 마련한 세종의 수릉壽陵: 임금이 죽기 전에 미리 만들어 두는 임금의 무덤터가 불길하다고 수차례 상소했습니다(세종실록 25년, 1443년 2월 2일). 그 내용은 이렇습니다.

1. 대모산에는 헌릉만 주혈이며 수릉이 있는 곳은 곁가지에 불과하다.

2. 주인과 손님이 정이 없고 다투는 형상이다.

3. 곤방坤方(정남正南과 정서正西의 한가운데를 중심으로 하여 45도 각도 안의 방위)
   의 물이 새 입처럼 갈라진 것은 맏아들을 잃고 손이 끊어지는 형세다.

그러나 이 주장은 권신들에 의해 묵살되어 1450년 세종은 부왕의 옆 능선에 묻
혔습니다. 1468년 여주로 천장하기 전까지 19년간 불행한 역사를 살펴보면,

문종: 즉위 2년3개월 만에 39세에 죽음.

단종: 계유정란으로 숙부 수양대군에게 왕위를 빼앗기고 17세에 사사됨.

안평대군, 금성대군: 형 세조에 의해 죽임을 당함.

세조: 심한 피부병으로 평생 시달림.

세조의 장자 의경세자: 20세에 급사.

세조의 둘째아들 8대 예종: 즉위 14개월 만에 20세로 승하.

예종의 장자 인성대군: 4세에 죽음.

풍수의 위력인가요, 권력 암투의 산물인가요, 개인의 운명인가요. 세종의 무덤을
옮기기 전까지 그런 일이 있었습니다.

영릉英陵

4대 세종(1397~1450)과 비 소헌왕후(1395~1446) 심씨의 합장릉으로, 경기도 여주시 능서면 왕대리 산 83-1에 있다. 22세에 등극하여 54세로 승하. 32년간 재위한 성군이다. 근처에 효종의 영릉寧陵이 있어 합하여 영녕릉으로 불린다.

원래 헌릉(서초구 내곡동) 서쪽에 있었으나 1469년(예종 1년) 이곳으로 옮겼다. 조선 최고의 명당이라고 풍수가들은 입을 모은다. 산세가 모란꽃봉오리가 둘러싼 모란반개형牧丹半開形, 용이 돌아와서 정남향으로 영릉을 쳐다보기에 회룡

IIIII 사적 제195호
IIIII 면적 215만9,262㎡ (65만4,322평)

고조형回龍顧祖形, 주위 산세가 봉황이 날개를 펼치고 알을 품듯 능을 감싼다 해서 비봉포란형飛鳳抱卵形이라고 한다.

　정치적 풍파 때문에 멀리 묻힌 2대 정종(후릉, 개성), 6대 단종(장릉, 영월)을 제외하면 도성에서 가장 멀다. '왕릉은 도성 100리 안에 있어야 한다'는 원칙에서 벗어나지만 '물길로 가면 하루거리'라는 논리로 합리화했다. 능은 병풍석을 두르지 않고 난간석만 둘렀다. 능 앞에 혼유석이 두 개 놓여 있어 합장릉임을 알 수 있다. 봉분 속은 석실이 아니라 회격灰隔: 관을 봉분 속 광중에 내려놓고 그 사이를 회로 메워서 다짐으로 한 이유는 예종의 부왕인 세조가 석실과 병풍석을 쓰지 말라는 유언을 남겼기 때문이다. 석실과 병풍석을 조성하지 않았기 때문에 능역공사에 동원된 부역군이 6천명에서 절반인 3천명으로 줄었다.

퀴즈

📃 세종대왕이 한글 창제를 완성한 해와 반포한 해는?

답) 창제 : 세종25년(1443) / 반포 : 세종 28년(1446)

토론해봅시다

💡 한글의 우수성에 대하여 영어, 중국어, 일본어 등 외국어와 비교하며 토론해봅시다.

29년간 세자,
왕 노릇은 겨우 2년 4개월

왕들의 재위 기간과 업적은 비례합니다 _

5대 문종은 4대 세종의 장자(맏아들)입니다. 조선 왕조 최초로 적통 장자가 왕위를 계승했습니다. 문종은 1414년(태종 14년) 10월3일 한양 사저에서 태어났습니다. 어머니는 소헌왕후이며 이름은 향珦, 자는 휘지輝之입니다. 1421년(세종3년) 10월27일 왕세자로 책봉(8세)되고 1450년 2월22일 37세로 왕위에 올랐습니다. 시시콜콜하게 연월일을 밝히는 이유는 그에게 시간은 참으로 애석한 토막토막이기 때문입니다.

왕들의 재위 기간과 업적은 비례합니다. 재위 기간이 짧은 왕들 몇몇을 살펴보면, 12대 인종(9개월), 8대 예종(1년 2개월), 5대 문종(2년 4개월), 27대 순종(3년 1개월), 6대 단종(3년 2개월) 순입니다. 사연은 많으나 업적 쌓을 틈이 없었던 왕들입니다.

문종에겐 기이한 기록이 많습니다. 세자 자리에 29년간 있었습니다. 29세 되던 해인 1442년부터 8년간 세종의 명으로 섭정을 했습니다. 준비된 왕 노릇 하기에 충분한 수업을 했습니다. 그러나 제왕 수업은 착실하게 받았지만 건강을 준비하지 못했습니다. 원래 병약했고 세자 시절 업무 과중으로 건강이 악화되었습니다. 즉위 후에는 병세가 더 심해져 재위 기간 대부분을 병상에서 보내다가 서른아홉에 승하했습니다.

단종을 낳고 3일 만에 죽은 현덕왕후 _

문종의 비 현덕왕후 권씨는 1431년 15세에 동궁에 들어와 양원이 되었다가 세자빈
봉씨가 동성애 사건으로 폐위되자 1437년 세자빈으로 책봉되었습니다. 현덕왕후
는 경혜공주와 단종을 낳았습니다. 단종을 낳고 3일 만에 산후병으로 24세에 죽
었습니다. 약도 쓸 틈 없이 갑자기 죽었다고 기록되어 있습니다. 세종 내외는 5일간
상복을 입었고 세자였던 문종은 30일간 상복을 입었습니다.

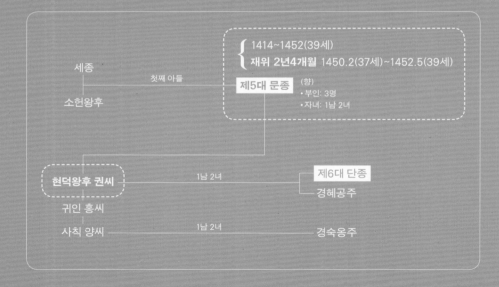

제5대 문종 가계도

세종 ——— 첫째 아들

소헌왕후

{ 1414~1452(39세)

재위 **2년4개월** 1450.2(37세)~1452.5(39세)

제5대 문종 (향)
• 부인: 3명
• 자녀: 1남 2녀

현덕왕후 권씨 ——— 1남 2녀 ——— 제6대 단종

경혜공주

귀인 홍씨

사칙 양씨 ——— 1남 2녀 ——— 경숙옹주

세자 빈 권씨가 죽은 후 문종은 더 이상 비를 들이지 않았습니다. 세자 시절인 28세에 권씨를 잃고 39세에 죽을 때까지 새장가를 들지 않았습니다. 12년 동안 홀아비로 산다는 것은 당시 법도로 불가사의합니다. 제왕에게 여인은 호불호, 호색과는 별개 문제입니다. 아들 생산은 종묘사직을 이어갈 의무입니다. 홀아비 세자, 홀아비 임금이 문종입니다. 아버지 세종이 엄연히 살아있음에도 배필을 들이지 않은 것을 어떻게 이해해야하나요? 여자를 멀리하는 성품? 병약함? 답이 선뜻 나오지 않습니다. 상태가 어떻든 형식적인 세자빈, 형식적인 중전이 필수 요소인 시대였는데. 역사의 회오리를 예감하는 보이지 않는 손이 있음에 분명합니다.

문종은 죽어서도 홀아비 신세를 겪었습니다. 현덕왕후는 세자빈 신분으로 단종을 낳고 죽자 경기도 시흥 군자면에 안장되었습니다. 1450년 문종이 즉위하자 현덕왕후로 추존되고 소릉^{昭陵}이란 능호를 받았습니다. 1452년 문종이 승하하자 건원릉 동남쪽 줄기에 묻힙니다. 태조의 건원릉에 이어 동구릉에 들어온 두 번째 능입니다. 이 때 시흥에 있던 현덕왕후도 천장해 현릉은 합장릉이 됩니다. 여기까지는 좋습니다. 생전에 못 다한 부부의 금슬을 다시 잇습니다.

이리저리 내팽겨 쳐진 무덤 _

그러나 다시 이은 금슬은 6년 만에 파국을 맞습니다. 7대 세조에 의해 현릉이 파헤쳐지고 썩을 대로 썩은 왕후의 시신은 시흥 군자 바닷가 10리 바깥에 내팽겨 쳐집니다. 사연은 이렇습니다. 세조 3년(1456) 현덕왕후의 친정어머니 아지와 친정 동생 자신이 단종 복위사건에 연루되었습니다. 단종은 노산군으로 강등되고 현덕왕후 집안은 서인^{庶人, 평민}으로, 현덕왕후도 서인이 되고 무덤을 파헤쳐 서인의 예우로 다시 장사지냅니다. 종묘에 있던 신주마저 철거되었습니다. 권력에 도전하는 것

문종의 현릉

은 바늘 하나도 용납되지 않습니다. 죽은 문종은 무덤마저 편치 못했습니다. 합장릉인 현릉은 단릉이 되었습니다. 문종은 다시 홀아비가 되어 56년이란 긴 세월을 보냈습니다.

11대 중종 7년(1512), 현덕왕후 복위 문제가 처음 제기되었으나 실현되지 않았습니다. 이듬해 종묘에 벼락이 치는 흉한 일이 있었습니다. 그래서 복위문제를 본격적으로 논의했습니다. 발단은 종묘제례 때문입니다. 역대 왕들의 신위는 모두 짝을 이루고 있는데 문종 신위만 홀아비로 서 있습니다. 신위에 송구스러워 짝을 맞추어야한다고 대신들이 주장했습니다. 현덕왕후의 신위를 종묘에 다시 세우려면 능을 복원시켜야 합니다. 그래서 시흥 군자 앞 바닷가에서 한바탕 소동이 벌어졌습니다. 시신을 찾아야 능을 쓰지요. 56년 전에 무성의하게 흩어버린 썩은 백골이 아닌가요. 진위는 알길 없으나 유골 몇 점 겨우 수습해서 문종이 묻힌 현릉으로 모셔옵니다.

무서운 증오의 힘 _

세조가 집요하게 현덕왕후를 증오한 이유에 대해서 야사는 이렇게 전합니다. 단종을 낳고 3일 만에 죽었으니 피비린내 자욱한 역사의 현장에 그녀는 없었습니다. 그녀의 원혼만 현장을 지켰습니다. 수양대군이 왕위를 찬탈하고 단종을 죽이자 원귀의 저주가 대궐을 휩쓸니다. 밤마다 세조와 그 가족들의 꿈에 나타나 식은 땀 흥건하게 합니다. 급기야 세조의 큰아들 의경세자(후에 덕종으로 추존)가 원귀에 시달려 죽고, 세조 역시 꿈에서 그녀가 뱉은 침 때문에 전신에 피부병이 걸려 고생했습니다.

자애로운 자는 권력자가 될 수 없다

세종의 맏아들인 문종은 아버지를 닮아 어질고 착한 모범생이었습니다. 학문을 좋아해 학자들을 가까이 했으며 측우기 제작에 직접 참여할 정도로 천문, 역산, 산술에 뛰어났고 서예에도 능했습니다. 거동이 침착하고 판단이 신중하여 남에게 비난 받는 일이 없었지만 문약에 병약까지 겹쳐 웅장한 생애가 되지 못했습니다. 자애로운 자는 권력자가 될 수 없다는 것을 보여준 이가 문종입니다.

　문종이 승하하자 왕릉을 서초구 내곡동 대모산 아래쪽에 조성하려 했습니다. 그곳에는 1442년에 안장된 3대 태종 왕릉(헌릉)이 있고 1450년에 안장된 4대 세종 왕릉(구 영릉)이 있습니다. 문종은 생전에 할아버지와 아버지 곁에 묻히려고 세종 왕릉 서편을 능지로 택했습니다. 그러나 문종은 그곳에 묻히지 못했습니다. 그곳을 파보니 물이 나고 바위가 있다는 이유를 내세웠지만 실상은 그게 아닙니다.

　수양대군이 강력한 영향력을 행사해 동구릉 내에 문종의 능을 조성했습니다. 1대 태조의 능은 명당이나 문종의 능은 흉당입니다. 태조의 능은 생룡生龍의 장생발복하는 터이나 문종의 능은 사룡死龍에 절명, 즉 명이 끊긴다는 대흉에 속하는 터라고 합니다. 그 이후 벌어진 역사는 이런 계략의 풍수를 증명합니다.

현릉顯陵

5대 문종과 현덕왕후 권씨의 능으로, 동구릉(p.24 참조) 능역에 두 번째로 조성한 능이다.

현재는 양 언덕에 묻힌 동원이강릉이지만 조성 당시는 합장릉이었다. 참도, 홍살문, 정자각, 능침이 곧게 뻗어 있지 않고 참도가 90도 각도로 두 번 꺾여져 있다. 능침에 누워 있는 이들의 운명을 암시하는 것 같다.

퀴즈

조선 왕조 최초로 적통 맏아들이 왕위를 계승한 임금은?

답) 5대 문종

토론해봅시다

세종대왕이 병약한 문종에게 왕위를 물려 준 것은 잘 한 일일까요? 잘못한 일일까요?

청령포에 떠도는
17세 소년의 외로운 영혼

역사는 멀리서 바라보는 드라마입니다 _

　천만리 머나먼 길에 고운 님 여의옵고
　내 마음 둘 데 없어 냇가에 앉았더니
　저 물도 내 안 같아서 울어 밤길 예놋다

열일곱 살 소년을 철벽 요새 청령포에 유폐시키고 돌아오는 의금부도사 왕방연의 시조입니다.

세월은 약입니다. 역사는 멀리서 바라보는 드라마입니다. 복잡했던 당대 현실은 접어두고 우리들의 측은지심 반상 위에 놓인 존재가 단종입니다. 권력의 묘약이 무엇인지도 모를 나이(12세)에 왕위에 올라 항거할 근육도 없는 나이(17세)에 이승을 하직했습니다. 민주주의란 개념이 씨앗조차 없던 시절, 세습 왕조의 희생물입니다. 철부지로 맘껏 뛰놀 나이에 무거운 용포를 입고 딱딱한 용상에 앉아 있다가, 납치극의 주인공처럼 와들와들 떨다가 죽었습니다.

"숙부! 수양 숙부! 살려주세요. 죽이지만 마세요."

입 안 가득 모래알을 넣은 듯 절규마저 말라버렸습니다.

"전하! 어찌 그런 말씀을 하십니까. 신이 신명을 다해 전하를 지켜드리겠습니다."

묵직하고 담대한 음성이 오히려 서늘하게 느껴집니다. 동상이몽同床異夢은 이를 두고 이름인가요.

숨막히는 단종의 생애 _

피지도 못하고 떨어진 동백꽃 송이, 험악한 권력 쟁투의 바다에 던져진 조각배, 그가 단종입니다. 17년 짧은 생애를 요약하면 이렇습니다.

제6대 단종 가계도

문종 ──── 첫째 아들

현덕왕후 권씨

{ 1441년~1457년(17세)
{ 재위 3년 2개월 1452.5(12세)~1455.5(14세)

제6대 단종
- 부인: 1명
- 자녀: 없음

정순왕후 송씨
- 1440~1521(82세)

- 1441년(세종 23년) 아버지 향(문종)과 어머니 권씨(현덕왕후)의 1남1녀 중 장남으로 태어남. 25세인 어머니는 난산으로 홍위(단종의 이름)를 낳고 3일 만에 죽음. 위로 동갑내기 친누이 경혜공주가 있고 아래로 이복누이 경숙공주가 있다.

- 3일만에 어머니를 여윈 홍위는 할머니뻘인 세종의 후궁 혜빈 양씨에 의해 양육된다. 혜빈 양씨는 후덕한 여자였다. 세손이 될 홍위에게 젖을 먹이기 위해 자신의 둘째 아들(수춘군)을 품에서 떼어 유모에게 맡기기까지 했다.

- 8세 1448년(세종 30년) 세손에 책봉됨. 할아버지 세종은 세손을 무척 아낌. 성삼문, 박팽년, 이개, 하위지, 유성원, 신숙주 등 집현전 소장학자들을 은밀히 불러 세손의 앞날을 부탁함. 세종은 병세가 악화된 상태이고 세자 향(문종) 역시 병약하여 오래 살지 못할 것을 예측하고 있었음. 죽음을 앞둔 노老 성군聖君은 어린 세손이 혈기왕성한 자신의 아들들 틈바구니에서 살아갈 일을 걱정함.

- 10세 1450년 세종 승하. 문종 즉위. 홍위는 세손에서 세자로 책봉됨.

- 12세 1452년 병석에만 있던 아버지 문종이 즉위 2년 4개월 만에 어린 세자를 부탁한다는 허약한 고명(임금이 신하에게 뒷일을 부탁하는 유언)을 남기고 승하.

왕이 되었지만 _

- 12세 1452년 부왕의 승하와 동시에 즉위. 20세 미만 미성년인 왕이 즉위하면 궁중에서 가장 서열이 높은 대비가 수렴청정하는 것이 관례이나 당시 궁중 사정이 여의치 않음. 대왕대비는 물론 대비도 없고 심지어 왕비도 없는 상태임. 통치의 무중력 상태, 단종의 어머니는 죽고 없고 문종의 후궁으로 귀인 홍씨, 사칙 양씨가 있었으나 세력이 없었음. 세종의 후궁 중에 단종을 키운 혜빈 양씨가 있었으나 늦게 입궁한 데다 후궁인 탓에 정치적 발언권이 없었음.

단종의 국장 재현 모습

- **13세** 1453년(단종1년) 10월 수양대군이 계유정난을 일으킴. 안평대군을 조종하여 종사를 위태롭게 한다는 명목으로 김종서, 황보인 등 대신들을 피살함. 안평대군 사사.
- **14세** 1454년 1월 송현수의 딸을 왕비(정순왕후)로 맞아들임.
- **15세** 1455년 6월 수양대군이 금성대군 이하 여러 종친, 궁인, 신하들을 죄인으로 몰아 유배시키자 단종은 왕위를 내놓고 상왕으로 물러나 수강궁으로 거처를 옮김. 일각 여삼추 같은 3년 2개월의 재위에 막을 내림.

아직 비극이 끝나지 않음 _

- **16세** 1456년 6월 상왕 복위사건 일어남. 성삼문, 박팽년 등 집현전 학사 출신과 성 승, 유응부 등 무신들 사형 당함.
- **17세** 1457년 노산군으로 강봉되어 영월 청령포로 유배됨.
- **17세** 1457년 9월 유배되었던 금성대군이 단종 복위를 계획하다가 발각되어 단종은 노산군에서 서인으로 강봉됨.
- **17세** 1457년 10월 사사됨. 동강에 버려진 시신을 엄흥도가 거두어 동을지산 기슭에 암장함.

180년이 지나서야 단종이 되다 _

반 천년이 지난 지금도 지켜보는 이의 손에 땀이 나고 숨이 막힙니다. 권력에 연루된다는 것은 무서운 일입니다. 권력은 목숨과 치욕을 담보해야 쟁취할 수 있습니다. 세습제의 비극을 원 없이 보여준 인물이 단종입니다. 이후에 전개된 상황은 이렇습니다.

암장된 60년 후 무덤을 겨우 찾았습니다. 그로부터 15년 후 그곳에 간단한 석물을 세웠습니다. 180년이 지난 1698년(19대 숙종24년) 비로소 단종이란 묘호와 장릉이란 능호를 받고서 종묘에 들어갈 수 있었습니다.

2007년 4월 27일, 영월 일대와 장릉에는 이색적인 혹은 장엄한 행사가 열렸습니다. 단종의 국장國葬 행사 재현입니다. 갸륵한 충신 엄홍도가, 동강 바닥에 팽겨쳐진 시신을 목숨 걸고 암매장한 지 550년 만에 거행된 국장이자 천도재였습니다. 인산인해를 이룬 인파는 역사의 숙연함을 느끼기도 하고 한바탕 이벤트로, 구경거리로 희희덕거리기도 했습니다.

단종이 유배된 영월 청령포 전경

청령포는 천혜의 요새입니다 _

나룻배가 드나들 수 있는 나룻터를 제외하면 3면이 깎아지른 절벽입니다. 입구만 막으면 출입이 불가능합니다. 행글라이더로 탈출을 감행하면 가능할까, 기막힌 유배지입니다. 세조의 무서운 위력이 느껴지는 공간입니다. 쫓겨난 어린 왕이 걸터앉아 한숨으로 짧은 시간을 보낸 굽은 소나무에는 이제 그의 온기가 없습니다.

어린 왕의 육신을 찢어오는 만큼 권력을 차지한다고 믿었던 이들도 모두 이름만 남긴 채 소멸했습니다. 교훈을 새기는 것은 남은 자, 역사의 거울을 보는 자의 몫입니다. 사육신, 생육신, 한명회, 권람 등 계유정난의 공신들, 단종의 짧은 생애에는 빛과 어둠으로 치장한 무수한 이름들이 덧칠되어 있습니다.

🌑 장릉莊陵

6대 단종의 능.

강원도 영월군 영월읍 영흥리 1090-1에 있다.

서울에서 가장 먼 왕릉이다. 도성에서 100
리를 벗어날 수 없다는 규정이 적용될 수 없
는 단종의 운명 때문이다. 부인 송씨가 묻힌
사릉과는 300 리나 떨어져 있다.

|||| 사적 제196호
|||| 면적 349만5,236㎡ (105만9,162평)

퀴즈

📑 사사된 단종의 시신을 죽음을 무릅쓰고 거두어 매장한 사람은?

답) 영월 호장(향리직의 우두머리) 엄흥도

토론해봅시다

💬 내가 단종이라면 그 당시 어떻게 행동했을까요?

정순왕후시여, 이제 한을 푸소서

3월에 쏟아지는 폭우, 우박 _

짙은 먹구름 때문에 제향을 서둘러 마쳤습니다. 마치자마자 기어이 하늘이 터졌습니다. 독기인지, 원한인지, 시커먼 구름을 잔뜩 머금고 있던 하늘이 기어이 북북 찢어집니다. 천둥 번개가 연거푸 으름장을 놓더니 소나기가 쏟아집니다. 3월의 봄비치고는 엄청 세찹니다. 찬비는 이내 우박으로 변합니다. 바둑돌만한 우박이 파편처럼 사정없이 내리 꽂힙니다.

참반원(제향에 참가한 사람)들은 체면 불구하고 관리소 옆 비닐하우스로 냅따 뜁니다. 초대받지 않은 참반원인 나도 총탄을 피하는 병사처럼 머리를 감싸며 뛰었습니다.

"왕후님이 아직도 원한을 풀지 않았구먼."

"쉽게 풀리지 않겠지. 80평생 수모와 핍박으로 살다가 죽어서도 남편을 300리 밖에 두고 그리워해야하니 오죽하겠는가."

"그러게나. 영월로 천장을 해야 하나, 말아야하나. 여인의 한풀이니 너무 서운해하지 맙시다. 선생은 어느 문중에서 오셨습니까?"

비닐하우스 안에 마련된 제향 뒷풀이 자리입니다. 검은 양복으로 정장한 이들의 수군거리는 소리를 듣고 있는데 한 분이 불쑥 내게 묻습니다. 나는 일반 추모객이라고 얼버무렸습니다. 술잔을 주고받으며 오래된 한을 되짚어봅니다.

단종과 정순왕후 사이에는 자식이 없습니다. 살벌한 분위기에서 가례를 올리고 동거한 기간이 1년도 안 됩니다. 후사가 있을 리 만무합니다. 그래서 단종의 직계 후손은 없습니다. 사릉 제향에 참가한 이들은 세 부류입니다. 제향을 주관하는 전주 이씨 문중 사람들, 정순왕후의 친정인 여산 송씨 문중 사람들 그리고 이곳이 선산인 해주 정씨 문중 사람들입니다. 그들이 매년 정순왕후의 넋을 위로하는 제사를 올립니다.

능 주변의 이상한 모습 _

사릉 능침 근처에 오르면 주변 풍경이 이상합니다. 능 주변에 일반 무덤이 여러 기 있습니다. 능으로 택지되면 사방 10리 안에 있는 주변 무덤은 강제 이장되고, 마을마저 철거됩니다. 그런데 사릉 바로 곁, 불과 100~200미터 곁에 무덤들이 있습니다. 사연이 많습니다.

정순왕후는 1440년(4대 세종 22년) 판돈녕부사 송현수의 딸로 태어났습니다. 성품이 공손하고 검소해 가히 종묘를 보존할 인물이라 하여 1453년(단종 1년) 간택되어, 이듬해 15세로 왕비로 책봉됩니다. 1455년 세조가 즉위하고 단종이 상왕으로 물러나자 의덕왕대비에 봉해집니다. 단종이 사사된 후 세조3년(1457) 노산군 부인으로 강봉되었습니다. 송씨의 운명은 기름을 안고 불로 뛰어든, 예견된 길입니다.

청계천 영도교永渡橋에서 18세 소녀 왕비 송씨는 영월로 떠나는 17세 소년왕 단종을 영원히 이별합니다. 영도교, 영영 이별한 다리, 임이 영원히 건너간 다리라고 후세 사람들은 의미를 붙입니다.

궁궐에서 쫓겨난 송씨는 _

동대문 밖 숭인동 동망봉 기슭에 초가삼간을 짓고 여생을 이어갔습니다. 정업원이라 이름 붙여진 그곳에서 함께 쫓겨난 세 명의 시녀와 함께 살았습니다. 시녀들이 해온 동냥으로 끼니를 잇는 비참한 생활이었습니다. 근처 동망봉에 올라 아침저녁으로 단종이 무사하기를 빌었지만 기도는 허사였습니다. 왕비의 궁핍을 알고 마을 여인네들이 쌀과 푸성귀를 담장 너머로 던져 놓고 갔습니다. 분노가 녹지 않은 세조는 이 보고를 받고 부녀자들이 정업원 근처에 얼씬거리는 것을 금지했습니다.

백성들은 다시 지혜를 짜냈습니다. 정업원 인근에 남자들이 출입할 수 없는 채소시장을 열었습니다. 남자의 출입을 금했으니 감시하는 관리도 접근할 수 없습니다. 북적거리는 틈을 타 여인네들이 곡식과 채소를 정업원 담 너머로 던졌습니다. 이후 송씨는 자줏물 들이는 염색업으로 생계를 이었습니다. 그 골짜기를 지금도 자줏골이라 부릅니다.

사릉 전경

세조가 참회하지만 _

세월이 흘러 세조는 자신과 가족에게 액운이 겹치자 시퍼렇던 서슬이 녹아 참회합니다. 송씨의 비참한 생활을 전해들은 세조는 정업원 근처에 영빈전이란 아담한 집을 짓고 궁핍을 면할 넉넉한 식량을 내렸으나, 그것을 넙죽 받을 송씨가 아니지요. 오로지 정신력으로, 이가 바스러지도록 원한을 짓씹으며 80평생을 보냈습니다. 무서운 원한의 에너지입니다. 차라리 요절했으면 한의 깊이가 덜했으련만. 지금도 우리나라 무속인들이 모시는 신 중에 '송씨 부인'이 많다고 합니다.

한 많은 여자의 일생, 엉겁결에 왕비가 되어 천추의 한을 남긴 여인, 정순왕후는 82세(1521년, 11대 중종16)로 생을 마감했습니다. 죽을 당시 신분은 왕후가 아니었습니다. 국장의 예를 갖추어 능을 조성할 신분이 아닙니다. 단종의 누이 경혜공주의 시댁인 해주 정씨 집안에서 장례를 주도했고 해주 정씨 묘역에 안장됐습니다.

다시 왕비로 복위되다 _

그 후 177년이 지난 1698년(19대 숙종24년) 11월6일, 단종이 복위되자 송씨도 정순왕후로 추복되고 종묘에 신위가 모셔지고 능호를 사릉이라 했습니다. 능이 되었는데 주변 무덤은 어떻게 처리해야 하나요? 사릉 총리사(관리 책임자) 최석정이 숙종에게 아뢰었습니다.

"사릉은 본래 문종대왕의 외손이었던 정미수의 사유지이옵니다. 정순왕후께서 살아서 정미수에게 후사를 부탁하고 승하했습니다. 능으로 봉해졌다 해서 정씨 묘소를 옮기면 정순왕후께서도 마음이 편치 않을 것입니다. 정씨 묘들을 사릉 능역에 그대로 존치함이 가할 줄 아옵니다."

이에 숙종은,

"오래된 묘는 옮기지 않은 예가 있다. 그대로 두라. 후손들에게 또 다른 한을 만들어서야 되겠느냐."

그래서 사릉 능역 주변은 일반인의 묘소가 있습니다.

정업원 터에는 청룡사라는 작은 절이 있습니다. 21대 영조가 이곳을 방문하여 '정업원구기淨業院舊基'라는 비각을 세웠습니다. 비각에는 영조가 눈물을 흘리며 썼다는 비문이 남아있습니다.

한 시간 정도 내리쏟던 우박과 비가 멈췄습니다. 제향을 마치면 서둘러 돌아가는 가는 것이 상례인데 오늘은 참반원 모두 소나기 덕분에 비닐하우스 속에서 한참 머물렀습니다. 나뒹구는 빈 소주병이 흥건합니다.

정순왕후시여! 이제 한을 푸소서.

사릉思陵

6대 단종 비 정순왕후 송씨의 능으로, 경기 남양주시 진건면 사릉리 산 65에 있다.

정순왕후는 18세에 홀로 되어 소생 없이 82세까지 살았다. 사릉은 중종 때 조성되었다. 7대에 걸친 왕대를 산 정순왕후를 중종은 대군부인의 예로 장례를 지낸 뒤 후에 왕후 능으로 추봉되었다. 다른 능에 비해 단출하게 꾸며져 있다. 능침을 3면의 곡장이 둘러싸고 있으나 병풍석, 난간석이 없다. 무인석도 없고 160센티미터 정도 되는 자그마한 문인석 한 쌍이 능을 지킨다. 사릉은 단종의 누이 경혜공주가 출가한 해주 정씨 가족묘역 내에 있다.

‖‖‖‖ 사적 제209호
‖‖‖‖ 면적 14만6,529㎡(4만4,325평)

퀴즈

➡ 사릉 주변이 일반 왕릉과 다른 점은?

답) 주변에 일반인 무덤이 있다.

토론해봅시다

♡ 단종과 정순왕후의 심리상태는 어떠했을까요?

역사란 무엇인가,
권력이란 무엇인가

영욕의 생애를 압축한 유언 _

"내가 죽으면 속히 썩어야 한다. 석실과 석곽을 사용하지 말라. 병풍석도 만들지
말라." 세조의 유명遺命 유언으로 남김 명령입니다. 세조는 1468년 9월 7일 병세가 악
화되어 왕세자(8대 예종)에게 왕위를 물려주고 그 이튿날 수강궁에서 52세로 승하
했습니다.

　역사의 영욕과 파노라마, 그 기승전결을 온몸으로 보여 준 이가 세조입니다. 권
력의 잉태와 성장, 소멸을 일목요연하게 보여 준 이가 세조입니다. 영광과 비난을
한몸에 듬뿍 받으며 지금 '빛나는 무덤光陵'에 누워 있습니다. 그의 유언은 영욕의
생애를 압축한 묘비명 같습니다.

　광릉 일대는 산림이 울창합니다. 능역 내 150종의 활엽수림, 수령 수 백 년이 기
본인 소나무가 장관을 이룹니다. 이곳의 지명이 '광릉내'로 불리는 것은 광릉이 있
기 때문입니다. 산림청의 국립수목원이 여기에 자리 잡은 이유도 광릉 덕분입니다.
세조는, 살아서도 죽어서도 울울창창 속에 있습니다.

　권력을 얻기 위해서 형제, 조카를 무자비하게 살육한 권력의 화신, 치솟는 신권

을 누르고 왕권을 강화한 제왕, 궐내에 사찰을 두고 스님을 초대해 설법을 들은 호불 군주, 왕자 시절 불경 언해작업에 직접 참여한 학자풍의 군왕입니다.

하나의 잣대로 규정할 수 없는 인물, 세조 _

세조는 불후의 성군인 세종의 18남 4녀 중 둘째 아들입니다. 형이 문종(5대), 조카가 단종(6대)이지요. 세조의 등극은 우연보다는 필연에 가깝습니다. 용상으로 가는 설계도를 쥐고, 길이 없으면 만들고 검불이 있으면 헤치고 갔습니다. 역사는 승자

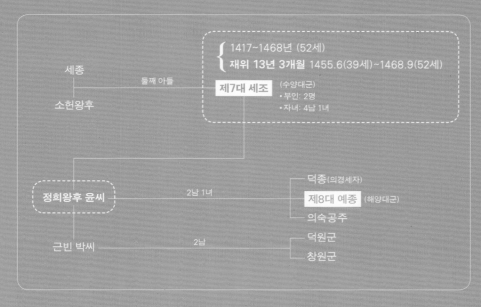

의 몫이라는 비난도 있지만 이기며 만들어가는 것이 역사이기도 합니다. 세조에 항거해 몸을 던진 사육신도 애초부터 저항 세력이었던 것은 아닙니다.

열두 살 단종이 즉위하자 조정은 고명대신에 의해 장악되었습니다 _

권력이 신하들의 수중으로 넘어간 것입니다. 영의정 황보인, 좌의정 김종서가 조정을 좌지우지합니다. 태종이 왕비 집안을 몰살하면서까지 다져놓은 왕권이 곤두박질칩니다. 고명대신들은 황표정사黃票政事라는 것을 행합니다. 의정부에서 대신에 임명할 인물의 3배수를 올리되 자신들이 의중에 둔 인물의 이름 아래 노란 점을 찍어 놓으면 단종은 결재만 하는 식입니다. 김종서, 황보인 등 핵심 고명대신들의 아들과 측근이 대거 등용되었고 초고속 승진을 합니다. 사관은, '왕은 손 하나 움직일 수 없는 허수아비로 전락하고, 백관은 의정부는 알았으나 임금이 있는 것을 알지 못한 지 오래됐다'고 썼습니다.

유언에 따라 병풍석을 세우지 않은 광릉

재상 중심 체제를 주장하던 성삼문 등 집현전 학자들도 김종서의 지나친 전횡을 비판했습니다. 할아버지 태종 때 유년기를 보내고 아버지 세종 때 청소년, 청년기를 보낸 30대 중반의 수양대군은 피가 끓었습니다. 어떻게 일군 왕조인데, 칼과 피를 두려워하지 않고 세운 왕조의 몰락을 보고만 있을 위인이 아닙니다.

역사의 흐름은 하룻밤 만에 바뀐다 _

1453년(6대 단종 2년) 10월 10일. 역사의 물꼬가 바뀝니다. 이른바 계유정난입니다. 현대사에도 역사의 가닥이 휘꺾인 때가 10월이었지요(10.26 사건). 수양대군의 로드맵은 치밀했습니다. 그해 초 수양대군은 자청해서 명나라에 갑니다. 단종의 즉위를 인정한다는 명나라 황제의 뜻에 감사하다는 사은사로 간 것입니다. 권력투쟁의 불길이 활활 타오르는 시점이라, 수하들은 만류했지만 수양은 덤덤한 표정으로 명나라로 떠났습니다. 고명대신들을 안심시키려는 전략이지요. 전략은 적중했습니다.

그날 밤, 전광석화 같은 거사 _

명에서 돌아온 4월에 신숙주를 막하에 끌어들이고 홍달손, 양정 등 칼잡이들을 양성했습니다. 6개월 뒤, 10월 10일 밤, 거사는 전광석화 같이 실행되었습니다. 수양대군은 부하 유숙, 양정, 어을윤 등을 대동하고 김종서를 찾아가 철퇴로 살해했습니다. 영의정 황보인, 병조판서 조극관, 이조판서 민 신, 우찬성 이 양 등을 어명이라고 말하여 차례로 대궐로 불러들여 참살했습니다. 6.25 때 폭파된 한강 다리로 떨어지는 목숨들처럼 차곡차곡 죽어갔습니다. 피비린내 자욱한 밤이 가고 시린 가을 아침, 세상이 바뀝니다. 5.16, 12.12가 그랬던 것처럼. 세상이 바뀌는 데는 많은

광릉(홍살문에서 정자각에 이르는 참도가 없다)

시간이 필요 없습니다. 하룻밤이면 충분합니다.

　첫째 동생 안평대군을 붕당 모의의 주역으로 지목해 강화도에 유배시켰다가 사사했습니다. 넷째 동생 금성대군도 유배 후 사사, 단종을 상왕으로 밀어낸 후 다시 노산군으로, 그리고 서인(평민)으로 전락시켜 죽였습니다. 그의 손에 묻힌 피가 너무 많습니다.

현덕왕후(단종의 어머니)의 무서운 저주 _

역사는 그것을 '세조의 왕위 찬탈'이라 부릅니다. 즉위 기간 내내 죄책감에 시달렸습니다. 야사는 이렇게 전합니다. 단종의 어머니이자 형수인 현덕왕후(5대 문종 비)

권씨의 혼백에 시달려 맏아들 의경세자가 20세로 요절합니다. 분노한 세조는 현덕 왕후의 무덤을 파헤쳐 관을 파내 바닷가에 버렸습니다. 또한 현덕왕후가 자신에게 침을 뱉는 꿈을 꾼 후 온몸에 피부병이 생겨 고생합니다. 피부병을 고치려고 오대산 상원사로 가서 문수동자를 만나 병이 나았습니다.

정통성이 없는 정권은 괴롭습니다. 국제적 인정과 국내 민심을 얻는데 눈물겨운 노력을 해야 합니다. 정통성 있는 정권은 자칫 오만해지기 쉽습니다. 같은 노력이 없으면 오십보백보입니다. 세조는 문치가 아닌 강권으로, 인재 등용은 실력 중심이 아닌 측근 중심이었습니다. 비서실(승정원) 중심의 측근정치를 펼쳤습니다.

당찬 여인 정희왕후 _

세조의 오른 쪽 언덕에 누운 비 정희왕후 윤씨 또한 대단한 용맹가, 지략가입니다. 계유정난 당시 거사가 누설되었다며 손석손 등이 거사 중단을 건의하자, 윤씨는 수양대군에게 직접 갑옷을 입혀 거사를 결행케 했습니다. 덕종(추존), 예종(8대)과 의숙공주 등 2남1녀를 두었습니다.

맏아들(의경세자, 덕종으로 추존)이 20세로 요절하고 둘째 아들 예종이 19세에 즉위하자 최초로 수렴청정을 했습니다. 예종이 재위 1년2개월 만에 죽자 맏아들인 덕종의 둘째 아들(그녀의 손자) 자을산군을 바로 그날 즉위케 했습니다. 그가 성종(9대)입니다. 남편, 아들, 손자의 즉위에 직접 힘을 발휘한 대단한 여인입니다. 정희왕후는 1483년(성종14) 온양 행궁에서 춘추 66세로 승하했습니다. 세조는 그녀보다 15년 전, 1468년 9월7일 병세가 악화되어 왕세자(8대 예종)에게 왕위를 물려주고 그 이튿날 수강궁에서 보령 52세로 승하했습니다.

말없이 누워 있는 그를 광릉 숲 한적한 곳으로 모셔와 담소를 나눠볼까요.

광릉 光陵

7대 세조와 정희왕후 윤씨의 능으로, 경기도 남양주시 진접읍 부평리 247에 있다.

세조의 유언대로 석곽을 쓰지 않고 조선 최초로 회곽(관과 광중 사이를 석회로 다지는 회격으로 석실과 석곽을 대신하는 양식)을 썼다. 왕과 왕비의 두 무덤에 정자각 하나를 만든 '동원이강릉'으로 최초다. 홍살문에서 정자각에 이르는 참도가 없다. 기록이나 증거는 없으나 유언으로 보는 것이 타당할 것 같다.

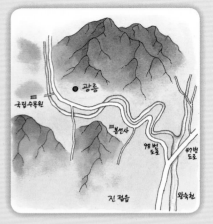

|||| 사적 제197호
|||| 면적 103만9,909㎡ (31만5,124평)

퀴즈

📋 수양대군이 단종을 내쫓고 왕위에 오른 사건을 무엇이라고 하나요?

답) 계유정난

토론해봅시다

◇ 세조(수양대군)의 잘한 점과 잘못한 점은 어떤 것들이 있을까요?

스무 살 청년,
황晄의 짧은 생애가 남긴 몇 개의 기록

부富는 세습될 수 있지만 건강은 대물림되지 않습니다 _

세조는 자식 복이 없습니다. 온갖 공을 들인 맏아들 의경세자가 20세에 요절했습니다. 그래서 부랴부랴 둘째 놈을 여덟 살에 세자로 책봉했습니다. 그러나 그 놈도 즉위 14개월 만에, 역시 20세에 요절했습니다. 아비의 펄펄한 정기를 잇지 못하고. 못난 놈들. 창릉에는 세조의 비통함이 자욱하게 서려 있습니다.

요절한 임금은 업적을 남길 시간이 없습니다 _

몇 개의 기록만 남겼을 뿐입니다. 예종(이름: 황晄)은 두 명의 부인(장순왕후 한씨, 안순왕후 한씨)에게서 2남1녀를 얻었습니다. 예종의 나이 12세에 장순왕후가 첫 아들 인성대군을 낳았습니다.(ㅎㅎ 가능한가 봐요) 장순왕후는 대군을 낳고 건강이 악화되어 17세로 요절했습니다. 조선 역대 제왕 중 가장 어린 나이에 아들을 낳은 이가 예종입니다. 그러나, 그렇게 낳은 인성대군은 4세 때 죽었습니다. 참을 수 없는 존재의 박복함이여!

왕릉에 불이 나면 어떻게 될까요? _

예종의 창릉은 화재의 기록도 갖고 있습니다. 왕릉은 산세가 좋고 주변에 수목이 울창합니다. 부드러운 잔디 이불도 풍성합니다. 산불나기 좋은 여건이지요. 일반 백성의 무덤에 불이 나도 큰일이거늘, 왕릉에 불이 나면 나라의 변고라 하여 왕은 정사를 폐하고 사흘간 소복을 입고 참회합니다.

인조(16대) 3년 2월 28일 창릉에 불이 나자 인조는 조회를 폐하고 백관과 함께 3일간 소복을 입었습니다(인조실록 권8). 이듬해 1월 26일 또 불이 나자 임금과 백관은 다시 소복을 입었습니다(인조실록 권11). 고종 33년(1896) 4월23일 능상에 화재가 발생했습니다(고종실록 권34). 기이한 기록이지요. 화기가 센 것만은 틀림없습니다. 능에 불이 나면 책임을 물어 능을 지키는 수복(관리)의 목을 베거나 중벌로 다스립니다.

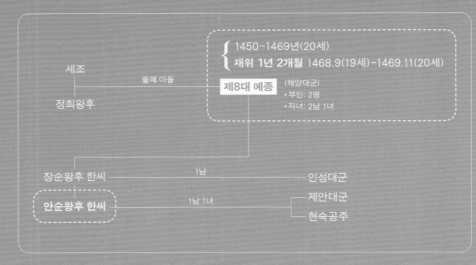

제8대 예종 가계도

{ 1450~1469년(20세)
재위 1년 2개월 1468.9(19세)~1469.11(20세)

제8대 예종 (해양대군)
•부인: 2명
•자녀: 2남 1녀

세조 ──── 둘째 아들 ──── 제8대 예종
정희왕후

장순왕후 한씨 ──── 1남 ──── 인성대군

안순왕후 한씨 ──── 1남 1녀 ──── 제안대군
                              ── 현숙공주

아! 남이 장군 다시보기 _

'남아 20에 나라를 평정하지 못하면 어찌 대장부라고 할 수 있으랴'라는 시를 남긴 남이 장군의 옥사가 일어난 것이 예종 때입니다. 남이는 태종(3대)의 외손자로, 세조 시대 최대 위기를 몰고 온 이시애의 난(1467년)을 평정하여 적개공신 1등에 책록되고, 서북면의 여진족을 토벌하는 등 무공을 세운 장수입니다. 세조의 총애를 받아 27세에 오위도총부 도총관과 공조판서, 이어서 병권의 수장인 병조판서에 발탁되었으나 세조가 죽고 예종이 즉위하자 그의 승승장구에 제동이 걸립니다.

1468년 세조가 승하하자 남이는 한명회, 신숙주, 강희맹 등 훈구대신들의 노골적인 견제를 받습니다. 그들은 남이가 병조판서를 수행할 그릇이 못된다고 비판하자 예종은 남이를 병조판서에서 해임시키고 왕궁을 호위하는 금군의 수장인 겸사복장에 임명합니다. 일종의 좌천입니다.

남이가 겸사복장으로 궐내에서 숙직을 하던 중 혜성이 나타나자, '허허! 혜성이 나타남은 묵은 것을 몰아내고 새로운 것을 받아들일 징조로다'라고 중얼거렸습니다. 이것이 그를 죽음으로 몰고 간 결정적 화근입니다. 병조참지 유자광이 이 말을 엿듣고 남이가 역모를 꾀한다고 왕에게 고변했습니다. 남이는 즉시 의금부로 잡혀가 문초를 받았습니다. 강도 높은 문초와 관련 증언으로 '남이의 역모사건'은 윤곽이 드러납니다. 사건에 관련된 자는 남이를 위시하여 강 순, 조경치, 변영수, 변자의, 문효량, 고복로, 오치권, 박자하 등으로 모두 처형되었습니다.

이 사건은 임진왜란 이전까지는 역모사건으로 인식되었습니다. 이후 일부 야사에는 유자광의 모함으로 날조된 옥사라고 규정하고 남이를 억울하게 죽은 젊은 영웅으로 기술하고 있습니다(연려실기술). 용맹스럽고 드라마틱한 인물이기에 남이가 신통력을 발휘하는 설화들이 많이 남아 있습니다. 때문에, 남이 장군신을 받드는 무속 신앙이 지금도 많습니다.

창릉 전경

몇 개의 기록만 남기고 예종은 20세에 승하했습니다 _

사인에 대한 기록은 없으나 조선의 왕들은 과반수가 독살되었다는 설도 있습니다. 옥좌는 건강을 유지하고 천수를 누리기에는 불편하고 부적합합니다. 원비 장순왕후에게서 얻은 첫아들 인성대군은 네 살 때 죽었고, 계비 안순왕후가 낳은 둘째 아들 제안대군은 예종 승하 당시 네 살에 불과해 왕위에 오르지 못했습니다. 다음 왕위는 결정권자인 정희왕후에 의해 의경세자의 둘째 아들 성종에게 돌아갔습니다.

예종은 계비와 함께 창릉에 편안하게 누워 있습니다.

창릉昌陵

8대 예종과 계비 안순왕후 한씨의 능으로, 서오릉(p.25 참조) 능역 안에 있다.

예종은 세조와 정희왕후의 둘째 아들로 형인 의경세자가 요절하는 바람에 19세에 세조의 뒤를 이어 왕위에 올랐다. 14개월의 짧은 재위 기간 동안 남이(南怡)의 옥사 등 정치적 격동을 겪었다. 효성이 지극하여 세조가 승하하자 건강을 해칠 정도로 비통해했다. 세조 때부터 시작한 경국대전을 완성했으나 반포하지 못하고 1469년 승하했다.

안순왕후 한씨는 청주부원군 한백륜의 딸이다. 1460년 한명회의 딸이었던 세자빈 한씨(장순왕후)가 병사하자 1462년 예종과 가례를 올려 세자빈에 책봉되었다. 1468년 예종이 즉위하자 왕비에 책봉되었으나, 이듬해 예종이 병사해 1471년 인혜대비에 봉해졌다. 1497년(연산군3년)에 명의대비로 개봉되고 그 이듬해 승하했다. 원비 장순왕후 한씨는 경기도 파주시 조리면, 파주삼릉(공순영릉) 능역 안, 공릉에 있다.

퀴즈

📋 남이장군이 참소를 당한 시를 외워둡시다.

  답) 남이 장군의 시 북정가 北征歌

  白頭山石磨刀盡(백두산석 마도진) 백두산의 돌은 칼을 갈아서 없애고

  豆滿江水飮馬無(두만강수 음마무) 두만강의 물은 말을 먹여서 없애리

  男兒二十未平國(남아이십 미평국) 사나이 이십에 나라를 평정하지 못하면

  後世誰稱大丈夫(후세수칭 대장부) 후세에 그 누가 대장부라 이를 것인가.

  * 이 시의 3련 '남아이십미평국'을 '남아이십미득국'으로, '평(平)'을 '득(得)'으로 고쳐서 남이가 왕이

    되고자 했다고 참소를 당함.

토론해봅시다

💬 조선의 왕과 왕비는 대체로 수명이 짧았습니다. 그 이유에 대해서 토론해 봅시다.

제9대 성종 가계도

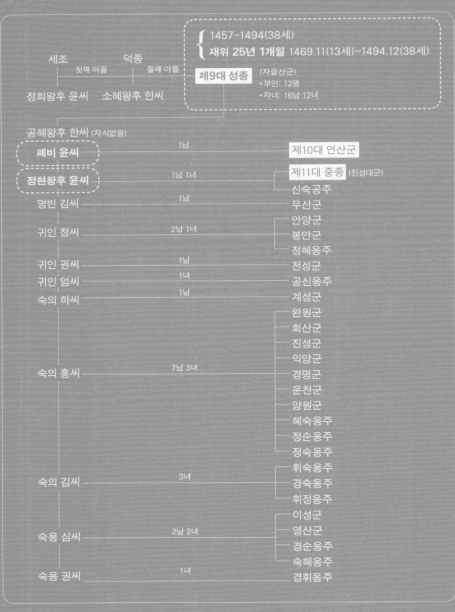

1457~1494(38세)
재위 **25년 1개월** 1469.11(13세)~1494.12(38세)

제9대 성종 (자을산군)
• 부인: 12명
• 자녀: 16남 12녀

세조 ── 첫째 아들 ── 덕종 ── 둘째 아들
정희왕후 윤씨   소혜왕후 한씨

공혜왕후 한씨 (자식없음)

폐비 윤씨 ──────── 1남 ──────── 제10대 연산군

정현왕후 윤씨 ──────── 1남 1녀 ──────── 제11대 중종 (진성대군)
└ 신숙공주

명빈 김씨 ──────── 1남 ──────── 무산군

귀인 정씨 ──────── 2남 1녀 ──────── 안양군
├ 봉안군
└ 정혜옹주

귀인 권씨 ──────── 1남 ──────── 전성군

귀인 엄씨 ──────── 1녀 ──────── 공신옹주

숙의 하씨 ──────── 1남 ──────── 계성군

숙의 홍씨 ──────── 7남 3녀 ──────── 완원군
├ 회산군
├ 진성군
├ 익양군
├ 경명군
├ 운천군
├ 양원군
├ 혜숙옹주
├ 정순옹주
└ 정숙옹주

숙의 김씨 ──────── 3녀 ──────── 휘숙옹주
├ 경숙옹주
└ 휘정옹주

숙용 심씨 ──────── 2남 2녀 ──────── 이성군
├ 영산군
├ 경순옹주
└ 숙혜옹주

숙용 권씨 ──────── 1녀 ──────── 경휘옹주

성종, 모든 것을
다 이루었는가, 다 잃었는가

땅값이 엄청 비싼 서울 강남땅에 성종이 묻혀 있습니다 _

한강 뚝섬 나루를 건너 봉은사 지나 멀찍이 능을 조성했는데 세상이 변해 돈과 환락이 몰린 곳이 되었습니다. 성종은 부인이 12명입니다. 조선 역대 왕 중 랭킹 1위입니다. 공동 1위인 11대 중종도 부인이 12명입니다. 그들은 부자지간입니다. 조선조 최대 스캔들을 일으킨 어우동도 성종 때 사람입니다. 어우동 야사에는 성종이 어우동과 함께 유흥을 즐겼다는 내용이 있습니다.

유해가 없는 빈 무덤 _

성종은 20여년에 걸쳐 조선 최고의 법전 경국대전을 비롯해 동국여지승람, 동문선, 동국통감, 악학궤범 등을 완성했습니다. 모든 것을 다 이룬 왕이라 해서 성종成宗이란 묘호가 붙었습니다.

그러나, 덕을 쌓는 일에는 소홀했습니다. 폐비 윤씨 사건, 연산군의 폭정, 중종반정 등은 성종이 뿌린 씨앗의 결과물입니다. 연산군(10대)과 중종(11대)은 성종의

선릉의 무인석

친아들입니다.

성종의 능은 유해가 없는 빈 무덤입니다. 임진왜란 당시 파죽지세로 몰려온 왜적들이 보물을 찾으려고 무덤을 파헤쳤습니다. 정자각은 불태웠습니다. 왕의 시신은 행방을 알 길 없습니다. 임란이 끝나자 선조는 성종의 유해를 찾기 위해 백방으로 노력했으나 끝내 찾지 못했습니다. 전란 중 야만적인 왜적들이 아무렇게나 흩뿌려버렸을 것입니다.

선조는 새로 관을 짜서 부장품으로 넣었던 옷을 태운 재 한 줌을 겨우 찾아서 그것을 담아 다시 안장했습니다. 성종의 무덤 속에는 수의로 넣었던 옷을 태운 재만 관에 들어 있습니다. 몸을 잃은 넋은 어디를 떠돌고 있을까요.

무자비한 불교 박해 _

성종시대 불교와 관련된 일들을 잠시 살펴봅니다. 세종조 후반 누그러지기 시작한 불교 배척의 기세는 세조대에 이르러 완전히 숭불호법의 정책으로 바뀌어 불교가 다시 옛 고려시대로 돌아갈 것 같은 분위기가 풍겼습니다. 그러나 성종이 즉위하자 다시 척불의 시대가 됩니다.

성종 2년(1471) 6월에 도성 안에 있는 염불소를 폐지했습니다. 더불어 무당들을 성 밖으로 내쫓아버립니다. 12월에는 간경도감을 폐쇄했습니다. 간경도감은 세조 7년에 설치된 불경의 번역 사업을 하던 기관입니다.

출가하는 것을 금지하고, 도첩법을 없애고 _

성종 4년 8월에는 양반가 부녀자들이 머리를 깎고 출가하는 것을 금했습니다. 6년에는 도성 안팎에 있는 비구니 사찰 23곳을 헐어버립니다. 8년 12월, 왕의 탄신일에 사찰에서 베풀던 축수재를 못하게 합니다. 이듬해 4월에는 당시 존경받는 원로 문신 김수온이 독실한 불자라고 해서 성균관 출입을 금지했습니다.

성종 23년 2월에 도첩법을 정지시킵니다. 도첩(승려 신분증)이 없는 승려는 부역과 군역을 해야 합니다. 새로이 출가하는 것을 금하고 기존 승려를 강제로 환속시키기까지 했습니다. 남은 사찰이 텅텅 비게 될 지경이었습니다.

왕대비가 나서서 말리다

이를 보다 못해 두 왕대비, 인수대비(소혜왕후 한씨, 덕종德宗 추존왕의 왕비)와 인혜대비(예종의 왕비, 안순왕후)가 나섰습니다. 그래서 승려 되는 것을 금하지 말라는 전교를 내려 불교 억압이 조금 주춤했습니다. 그러나 왕과 유생들의 척불사상은 여전히 격렬했습니다. 인수대비가 불상을 만들어 정업원(비구니 절)에 보냈는데 젊은 유생들이 이것을 도중에 빼앗아 불태워버렸습니다. 대비가 크게 노했으나 왕은 그들을 벌주지 않았습니다.

일반 백성이 상을 당해 절에서 재 올리는 것을 금했습니다. 불사에 공양물 바치는 것을 금하고 새로 절을 짓지 못하게 했습니다. 승려의 수가 줄어 절들이 텅텅 비어갔습니다. 1489년 향시(과거시험)에서 '불교를 믿어 재앙을 다스려야 한다'는 답안을 작성한 유생을 귀양 보내기까지 했습니다.

선릉 전경

불교의 암흑기는 이후에도 계속되었습니다. 폐륜아 연산군 때 절정을 이룹니다. 연산군은 성종이 얻은 첫아들입니다. 공덕 쌓는 일에 소홀하면 어떤 소용돌이가 이는지 생생하게 보여준 이가 연산군입니다.

그의 넋이 떠도는 선릉 일대의 밤은 오늘도 휘황찬란합니다.

다른 조선왕릉은 도굴을 면했다 _

선정릉이 임진왜란 때 파헤쳐진 것을 생각하면 다른 왕릉들도 도굴되지 않았을까 하는 궁금증이 일어납니다. 어느 나라든 왕릉은 도굴과의 전쟁을 치릅니다. 중국의 황제 능도 거의 도굴 당했으며, 고려 왕릉 역시 일제 강점기 때 대부분 도굴 당했습니다. 시신과 함께 넣은 부장품을 노리는 전문 도굴꾼의 짓입니다.

반면 조선 왕릉 40기는 선정릉만 제외하고 도굴되지 않았습니다. 조선 왕릉이 도굴을 면할 수 있었던 이유는 건축 기술에 있습니다. 시신을 모신 석실은 지하 3미터 깊이에 위치합니다. 석실의 벽과 천장은 두께가 76센티미터나 되는 화강암을 통째로 사용했습니다.

조선 왕릉이 도굴되지 않은 또 다른 비밀은 부장품에 있습니다. 중국이나 고려 시대와 달리 조선 왕릉 안에 들어가는 부장품은 모조품이고, 엽전도 종이를 이용한 모조 지폐를 사용했습니다. 도굴꾼들을 허탈하게 하는 지혜를 발휘한 것입니다.

🔺 선릉宣陵

9대 성종과 계비 정현왕후 윤씨의 능으로, 선정릉(서울 강남구 삼성2동 135-4) 능역 안에 있다.

성종은 추존왕 덕종과 소혜왕후의 아들로 태어나 두 달 만에 부친을 여의었다. 세조의 뒤를 이은 예종이 즉위 1년 만에 승하하자 정희왕후의 명으로 전격적으로 왕위에 올랐다. 태조 이후 닦아온 모든 체제와 기반을 완성시켜 조선 초기 문화를 꽃피웠다.

정현왕후는 연산군의 어머니 윤씨가 폐출되자 이듬해 1480년 왕비로 책봉되었다. 정현왕후의 아들 진성대군(11대 중종)은 중종반정으로 연산군을 몰아내고 왕위에 올랐다. 선릉은 유난히 많은 변고를 겪어, 임진왜란 때 왕릉이 파헤쳐지고 재궁이 불태워지는 수모를 겪었다. 인조3년(1625) 11월 15일에는 홍살문, 정자각에 불이나 완전히 타버렸다. 능참봉과 능수호군은 하옥되었다. 그 다음 해 2월 4일, 2월 15일 연이어 능상에 불이 났다. 왕과 왕후의 능이 동원이강식으로 배치되었다. 세조의 유언에 따라 석실을 쓰지 않았고, 제반 상설은 국조오례의 양식에 준하였다.

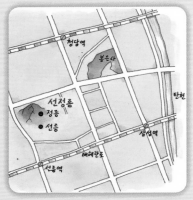

🔺 선정릉宣靖陵

9대 성종과 계비 정현왕후 윤씨의 능인 선릉과 그들의 아들 11대 중종의 능 정릉을 합쳐 선정릉이라 부른다.

||||| 사적 제199호
||||| 면적 24만0,167㎡ (7만2,778평)

퀴즈

📄 성종 때 완성된 조선 최고의 법전은?

답) 경국대전

토론해봅시다

💬 성종 때 있었던 폐비 윤씨 사건의 원인, 과정, 결과에 대해 토론해 봅시다.

기구한 무덤의 변천사,
윤씨지묘 → 회릉 → 회묘

"경들은 과인의 말을 깊이, 깊이 새겨들으시오!" _

병석에 누운 성종은 가쁜 숨을 몰아쉬며 마지막 남은 힘을 다해 유언을 합니다. 대신들은 엎드려 숨소리를 죽이며 유언을 듣습니다. 왕은 서른여덟 살이건만 천명을 어길 수는 없는지라 임종을 눈앞에 두고 있습니다. 왕은 겨우겨우 말을 잇습니다.

　"명심, 또 명심들 하시오. 내가 죽고 난 후 100년까지 폐비에 관한 일을 그 누구도 입에 올리지 마시오. 아시겠소이까? 특히 세자의 귀에 폐비라는 말이 들어가서는 결코 아니 되오."

　신하들은 엎드려 망극하옵니다를 합창합니다. 성종의 가슴에 암 덩어리처럼 담겨 있는 것이 폐비 윤씨 문제입니다. 그러나 그 당부는 오래가지 못했습니다.

　사극 드라마나 영화로 제작되는 최고 순위 인물은 누굴까요? 태종, 단종, 세조, 연산군, 숙종, 영조 등이 떠오릅니다. 그들과 엮인 양녕대군, 사육신, 한명회, 폐비 윤씨, 장희빈, 사도세자, 황진이 등의 이름도 떠오릅니다.

폐비 윤씨의 무덤은 능이 아닌 묘입니다 _

그럼에도 불구하고 얽힌 사연이 많아 그녀의 묘를 찾아가지 않을 수 없습니다. 사랑과 증오, 시기와 질투, 모함과 복수, 성취와 상실, 인과응보가 덩어리로 뭉쳐진 역사의 중심에 윤씨가 있습니다. 비장하고 처참한 드라마의 중심에 윤씨가 있습니다.

갈등과 음모 _

윤씨는 일개 궁궐 나인에 불과했으나, 원비 공혜왕후가 죽고, 자신이 원자를 낳자 중전이 되었습니다. 원자를 낳아 기르는 동안 성종은 또 다른 후궁 정귀인을 총애하기 시작합니다. 윤비와 갈등이 생깁니다.

어느 날, 윤비는 자신의 친잠親蠶 행사(왕비가 양잠을 장려하기 위하여 직접 누에를 치는 행사)에 나오지 않은 정귀인을 잡아다 엄나무 가시로 괴롭혔습니다. 이에 앙심을 품

서삼릉 능역 안에 있는 회묘

은 정귀인은 점쟁이와 의논하여 바늘을 꽂은 동자상을 동궁의 처소 부근에다 파묻어 동궁 '융'(연산군)을 병들게 했습니다. 이 사실을 안 윤비는 정씨를 당장 없애려고 했으나 성종의 총애가 워낙 두터워 죽이지 못했습니다.

역사에 남은 손톱자국 _

오랜만에 왕이 윤비의 침소에 들었으나 그간 자신을 홀대한 앙심을 참지 못하고 악을 쓰며 대들었습니다. 끝내 임금의 얼굴을 손톱으로 할퀴었습니다. 역사에 남은 시뻘건 손톱자국입니다. 이 일을 계기로 윤비는 사약을 받았습니다. 사약을 받으면서 윤비는 자신의 피가 묻은 한삼 소매 조각을 친정어머니 신씨에게 주면서 그것을 동궁에게 전해 줄 것을 부탁했습니다. 윤씨의 피 묻은 금삼錦衫은 신씨 손에 옮겨져 몰래 간직됩니다. 그 후 동궁은 자신의 생모가 한때 왕비로 있다가 폐위된 후 사약을 받고 죽었다는 사실을 알아냈습니다.

어린 연산의 가슴 속에 어두운 그림자가 생기기 시작합니다 _

죄인의 아들, 폐비의 아들, 어머니 없이 자란 자식이라는 생각은 그의 성격에 큰 변화를 일으킵니다. 그러던 차에 성종이 승하하고 연산이 왕위에 올랐습니다. 왕위에 오른 연산은 먼저 폐위된 생모 윤씨를 복위시켜 종묘에 안치하려 했습니다. 그러나 대왕대비와 조정 신하들의 반대에 부딪쳤습니다. 이 사건을 계기로 연산은 자신의 명을 거역한 조정의 신하들에게 강한 분노를 느낍니다.

보복의 불길이 활활 타오르다 _

어느 날, 연산은 궁중 뜰에서 성종이 귀여워하던 사슴을 활로 쏘아 죽였습니다. 이 사건은 연산의 잔혹극을 예고하는 전조였습니다.

그는 무오사화에 이어, 외할머니 신씨와 임사홍이 폐위된 윤씨 사건을 들추어 내자 생모 윤씨를 윤비로 복권시켰습니다. 외할머니로부터 폐비 사건의 전말을 듣고, 사약을 내리는 데 방조했거나 이에 연루된 신하들에 대해 참혹한 보복을 가하는 갑자사화를 일으킵니다.

양대 사화로 인해 연산의 주위에는 충신이 제거되고 간신배들의 횡포가 극심해 집니다. 연산은 연일 황음방탕荒淫放蕩과 주색잡기에 빠져 백성의 고혈을 짜며 정사를 게을리 했습니다. 백성의 원성은 높아가고 뜻있는 선비들의 분노가 들끓었습니다.

마침내 분노는 중종반정을 일으킵니다.

🔵 회묘懷墓

9대 성종의 둘째 부인이자 연산군의 어머니 폐비 윤씨의 묘로, 경기도 고양시 덕양구 원당동 산 38-4 서삼릉(p.26 참조) 능역 안에 있다.

윤씨는 한미한 양반 판봉상시사 윤기견의 딸이다. 집안이 궁핍해서 궁에 들어갔다. 성종보다 열두 살 연상이지만 빼어난 미모로 성종4년(1473) 숙의에 봉해지고 원비 공혜왕후가 승하하자 왕비로 책봉되었다. 그해 연산군을 낳았으나 심한 투기와 모함으로 폐위되어 사약을 받았다. 연산군 즉위 후를 생각한 성종은 1489년 묘비조차 없던 윤씨 묘에 '윤씨지묘'라는 묘비를 세우도록 허락했다.

1494년 성종이 승하하고 국장기간에 연산군은 자신이 폐비 윤씨의 자식임을 알게 된다. 1504년 연산군은 윤씨의 묘를 능으로 격상시켜, 회묘에서 회릉으로 고쳤다. 능의 석물을 왕릉의 격식에 맞게 조성하고, 제향 절차를 종묘에 위패를 모신 역대 왕들의 제사 절차에 맞추도록 했다.

1506년 연산군이 중종반정으로 폐위되자 회릉은 다시 회묘로 격하되었다. 회묘는 원래 서울 동대문구 회기동에 있었으나 1969년 10월 25일 천묘했다. 회묘가 있던 자리는 현재 경희의료원이 있다. 외따로 있던 회묘가 조선 왕실의 묘가 가장 많이 모여 있는 이곳으로 오게 된 것은, 당시 왕실 묘를 대규모로 옮기는 도시 개발 때문이다.

회묘懷墓, 그 이름조차 심란하다. 회懷자는 품을 회, 돌이킬 회이다. 품을 것은 무엇이고, 돌이킬 것은 무엇인가. 덕이 부족했던 여인, 중전의 자리와 애정의 자리를 분간하지 못했던 여인, 공덕 쌓는 일에 소홀했던 한 여인으로 인해 온나라에 피비린내가 자욱했다.

퀴즈

🔲 조선 역대 왕 중 묘호를 받지 못하고 00군이라고 불리는 왕은?

답) 10대 연산군, 15대 광해군

토론해봅시다

◇ 연산군의 성격 형성을 다양한 각도로 토론해봅시다.

출렁거리며

역사는

계속된다

연산군묘로 가는 발길,
무겁고 무거워요!

도봉산 자락, 방학동 골짜기에 가면 _

연산군 묘를 찾아가는 발걸음이 무겁습니다. 그의 무덤 앞에서 어떤 교훈을 들을 수 있을까요. 이미 백골이 진토된 마당이라 두렵지는 않습니다. 그와 동시대를 살지 않았다는 것이 고마울 따름입니다. 부끄러운 듯 초가을 햇살을 손등으로 가리며 그를 만나러 갑니다. 다섯 번이나 길을 물어서 겨우 주택가 구석에 자리한 연산의 묘를 찾을 수 있었습니다.

학술연구와 취재와 특별관람 신청자에 한하여 공개하던 연산군 묘가 2006년 7월 11일부터 일반 시민에게 공개되었습니다. 우리 영화사상 최대의 관객을 끌어 모았던 '왕의 남자'가 개방에 한 몫을 했는지.

폐주(반대 세력에게 몰려난 임금)이기에 능이 아니라 묘라는 이름으로 묻혀있습니다. 유배지 강화도 교동에서 병사한 연산은 사망 7년 후 부인 신씨가 중종 임금에게 간청하여 이곳 방학동으로 이장했습니다(1513년). 중종은 죽은 형을 위해 콩과 쌀 100석, 면포 150필, 정포 100필, 참기름 2석 등을 하사하여 이장을 도왔습니다.

도봉산 자락 방학동 골짜기, 잡초에 묻혀있던 연산군 묘는 봉분이 훼손되고 망주석과 문인석은 쓰러져 있었으며 비석의 글씨는 뭉개져 있었다고 산책 나온 노인이 증언합니다. 1980년대까지 폐허나 다름없었습니다.

묘 아래 근처는 800여 년 전부터 파평 윤씨 씨족마을입니다. 묘 앞에는 우람하게 서 있는 800년 수령을 자랑하는 은행나무와 원당천(약수터)이 있습니다. 예전부터 마을이 가까이 있었으나 개구쟁이 아이들도 무서워서 연산군 무덤 근처에는 가지 않았다고 합니다.

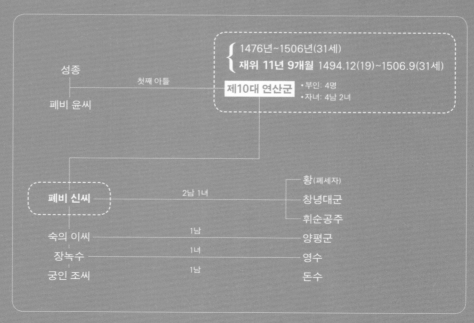

제10대 연산군 가계도

성종
폐비 윤씨 ─── 첫째 아들 ─── { 1476년~1506년(31세)
재위 11년 9개월 1494.12(19)~1506.9(31세) }

제10대 연산군
• 부인: 4명
• 자녀: 4남 2녀

폐비 신씨 ─── 2남 1녀 ─── 황(폐세자)
창녕대군
휘순공주

숙의 이씨 ─── 1남 ─── 양평군
장녹수 ─── 1녀 ─── 영수
궁인 조씨 ─── 1남 ─── 돈수

연산군의 악행들 _

연산군이 그토록 광포하고 난잡한 성품을 가지게 된 동기는 친어머니를 잃은 것 때문이라는 견해도 있습니다. 그러나 실록《연산군일기》에는, 그는 원래 시기심이 많고 모진 성품을 가지고 있었으며, 또 총명하지 못한 위인이어서 문리에 어둡고 사무 능력도 없는 사람으로 서술되어 있습니다.

시인 연산군 _

그러나 이것은 반정세력에 의해 편찬된 것임을 고려할 필요가 있습니다. 연산은 조선 역대 왕 중에서 가장 많은 시를 남겼습니다. 실록에 전하는 것만 130편입니다. 폐위되자 그의 시집과 문집은 전부 불태워졌습니다. 섬세한 시심을 가진 인간과 폭군은 쉽게 연결이 안 됩니다. 하기야 네로도 위대한 시인이라 자칭하며 불타는 로마를 보며 광기어린 시를 읊어댔지요.

두 번의 사화를 통해 수많은 신하들을 죽였다 _

연산군은 두 번의 사화(무오사화, 갑자사화)를 통해 수많은 신하들을 죽였고, 지나치게 향락을 일삼아 백성들의 원성을 샀습니다. 홍문관을 없애 경연을 중단시키고 사간원도 폐지해 왕을 견제하는 언로言路를 막아 버렸습니다. 언문(한글) 투서가 발견되었다는 이유로 한글 사용을 금지시켰습니다.

나라꼴이 흥청망청 _

연산군은 채청사採靑使와 채홍사採紅使를 두고, 전국의 미녀와 말을 뽑아오게 했습니다. 채청사는 예쁜 기생과 준마를 뽑는 사람이었고 채홍사는 여염집의 예쁜 여인을 뽑는 사람이었습니다. 이렇게 뽑혀온 여인을 흥청興靑이라 불렀습니다. 연산군은 흥청들과 매일 연회를 즐기고 음탕한 짓을 일삼았습니다. 이 향락이 얼마나 극심했던지 백성들 사이에서 '흥청과 놀아나느라 나라가 망한다'는 뜻의 '흥청망국興靑亡國'이라는 말이 돌았는데, 이 말이 변해서 '흥청망청'이라는 말이 생겼습니다.

닥치는 대로 여인을 겁탈하다 _

연산군은 향락을 즐기기 위해 증조할아버지인 세조(7대)가 세운 원각사를 장악원이라는 기생 양성소로 만들어 버리고, 국립대학인 성균관의 유생들을 내쫓고 유흥장으로 만들었습니다. 이것으로도 모자라 종친과 신하들의 아내와 딸을 겁탈하기까지 했습니다.

백성들을 내쫓고 사냥터로 _

악행은 이에 그치지 않았습니다. 궁궐을 들여다볼 수 있다는 이유로 궁궐 근처의 민가를 헐어버렸고, 서울 인근에 사냥터를 만들기 위해 그 지역의 백성들을 모두 내쫓고 짐승을 키우기도 했습니다. 지금의 고양과 파주, 김포에 사냥터를 만들어 백성들이 쫓겨났습니다.

　연산군의 향락의 흔적은 창경궁에도 남아 있습니다. 창경궁에는 춘당지라는 연못이 있습니다. 본래 이 자리는 내농포內農圃가 있던 자리입니다. 내농포란 성종이 창경궁을 세우면서 농민들의 어려움을 직접 알기 위해 농사를 지었던 곳입니다. 그러나 연산군은 이 곳에 연못을 파고 이곳을 유흥장으로 만들어 버렸습니다.

결국 반정이 일어나다 _

이러한 상황이 계속되자 분노하는 민심이 들끓었습니다. 마침내, 1506년(연산군 12) 9월, 성희안·박원종·유순정 등이 주동하여 반정을 일으켰습니다. 반정 세력들은 성종의 둘째 아들 진성대군을 옹립했습니다. 중종반정입니다.

초라한 폐주의 무덤 _

연산군의 묘는 능이란 이름을 갖지 못하고 '연산군지묘燕山君之墓'라는 비석이 무덤 앞에 있을 뿐, 아무런 장식이 없습니다. 정자각, 장군석, 혼유석, 병풍석이 없습니다. 무덤을 둘러싼 곡장은 최근에 설치했습니다. 봉분은 탈모증 걸린 머리처럼 잔디마저 듬성듬성합니다. 악행의 업보로 잔디가 자라지 않는 건가요.

　주변을 둘러보니 늘어진 노송 가지가 그늘을 만들고 있습니다. 하루 중 볕이 드는 시간은 아침녘뿐입니다. 가지를 칠 계획은 없는가봅니다. 그늘진 언덕에서 오래오래 누워있을 운명입니다.

　강화도 교동, 위리안치된 곳은 이보다 더했습니다. 집은 몹시 좁고 3미터 떨어진 사방을 가시 울타리로 막아 햇빛을 볼 수 없었습니다. 음식 구멍만 뚫어 밥을 넣어주었습니다. 유배된 지 두 달 만에 서른한 살 연산군은 죽었습니다. 추운 겨울인데 학질에 걸려서 죽었노라고 기록되어 있습니다. 독살임을 짐작할 수 있습니다.

연산군 묘 전경

어린 아들들마저 사사되다 _

연산의 아들 네 명은 연산 폐위 후 중종1년(1506년) 9월 24일 사사賜死되었습니다. 이것은 중종의 뜻이 아니었습니다. 중종은 어린 조카들이 불쌍했습니다. 그러나 반정세력은 차후에 있을 싹을 제거하기 위하여 이들의 처단을 강하게 요구했습니다.

"황(연산의 아들) 등은 나이가 어리고 연약하니 차마 처단하지 못하겠다"라고 중종이 버티었으나, 반정세력들은 단호하게 임금을 협박했습니다. "우리의 뜻은 정해졌으니 차마 못하겠다고 하시면 아니되옵니다"라고. 그들에 의해 옹립된 왕으로서는 어쩔 수 없었습니다.

🔲 연산군묘 燕山君墓

10대 연산군 묘로, 서울 도봉구 방학동 산 77
번지에 있다.

연산군은 1505년 폐위되어 강화도로 유배
되었다가 두 달 만에 죽어 강화도에 묻혔다.
그 뒤 연산군의 부인이었던 신씨의 간청으로
1512년 방학동으로 이장했다.

이 자리에는 연산군과 부인인 신씨의 쌍분
이 있고, 그 아래 의정궁주의 묘가 있다. 또
그 아래 연산군의 딸과 사위의 묘가 있는 특
이한 형태. 본래 이 자리는 의정궁주의 묘
만 있었다. 의정궁주 조씨 義貞宮主 趙氏는 1422

▥ 사적 제362호
▥ 면적: 왕릉의 능역 규모는 4~50만평이
　　예사인데 여긴 1만3,860㎡(4천2
　　백 평)으로 조촐하다.

년(세종 4)에 상왕 태종의 후궁으로 간택되었
으나, 곧바로 태종이 세상을 떠나 빈으로 책봉되지 못했다. 이 후 세종은 특별히 의정
궁주라는 작호를 내렸고, 1454년(단종 2) 음력 2월 8일에 세상을 떠났다.

의정궁주가 죽자 세조는 자신의 동생인 임영대군에게 의정궁주의 제사를 맡기고 의
정궁주의 묘가 있는 이 땅을 하사했다. 연산군의 부인인 신씨는 임영대군의 외손녀로
외갓집의 땅에 연산군의 묘를 옮겼다.

퀴즈

📋 연산군 때 수많은 신하들을 죽인 두 번의 사화는?

답) 무오사화, 갑자사화

토론해봅시다

💬 연산군의 악행을 더 조사해서 토론해봅시다.

제11대 중종 가계도

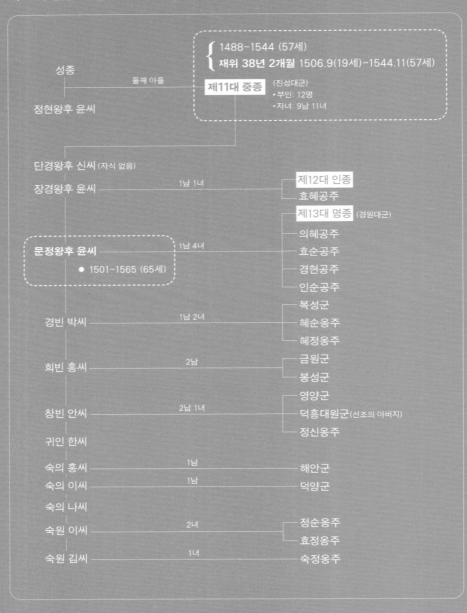

성종

정현왕후 윤씨

둘째 아들

{ 1488~1544 (57세)
{ 재위 **38년 2개월** 1506.9(19세)~1544.11(57세)

제11대 중종 (진성대군)
• 부인: 12명
• 자녀: 9남 11녀

단경왕후 신씨 (자식 없음)

장경왕후 윤씨 ── 1남 1녀 ── 제12대 인종
효혜공주

문정왕후 윤씨
● 1501~1565 (65세)
1남 4녀 ── 제13대 명종 (경원대군)
의혜공주
효순공주
경현공주
인순공주

경빈 박씨 ── 1남 2녀 ── 복성군
혜순옹주
혜정옹주

희빈 홍씨 ── 2남 ── 금원군
봉성군

창빈 안씨 ── 2남 1녀 ── 영양군
덕흥대원군(선조의 아버지)
정신옹주

귀인 한씨

숙의 홍씨 ── 1남 ── 해안군
숙의 이씨 ── 1남 ── 덕양군
숙의 나씨

숙원 이씨 ── 2녀 ── 정순옹주
효정옹주

숙원 김씨 ── 1녀 ── 숙정옹주

칼이 없는 권력은 힘이 없다

그날 밤, 진성대군은 뜬 눈으로 밤을 새웠습니다 _

거사 통보를 받은 진성대군은 문고리 걸어 잠그고 바들바들 떨었습니다. 거사가 실패하면 죽음입니다. 1506년 9월 1일 밤, 스산한 바람이 불어 현란한 색깔로 치장한 단풍이 어둠 속에서, 첫눈처럼 사박사박 떨어지고 있었습니다.

　도총관 박원종은 치밀한 계획을 세우고 동지들을 규합했습니다. 명망 있는 재상 유순정·성희안 두 사람과 손을 잡고 자순대비 윤씨의 소생인 진성대군을 추대하여 반정을 일으키기로 모의했습니다.

좌의정 신수근의 고민 _

이들 세 사람은 반정을 결정하고 나서 그것을 은밀히 세 정승에게 통보했습니다. 영의정 유순과 우의정 김수동은 좋다고 승낙했지만, 좌의정 신수근은 분명한 뜻을 보이지 않았습니다. 그는 연산군의 처남이요, 진성대군의 장인이었습니다. 반정의 밀통을 듣고, 매부가 임금으로 있으나 사위가 임금으로 있으나 마찬가지인데 섣불리 선택을 잘못했다간 죽겠구나라고 생각했습니다. 그리하여 그는,

정릉 전경

"세자가 총명하니 아직 참는 것이 좋겠소이다."

라고 회답했습니다. 이러한 답을 받은 박원종·유순정·성희안 등은 일이 누설될까 걱정하여 거사를 서둘렀습니다. 박영문·장정·홍경주 등과 급히 밤중에 훈련원에 집합한 다음, 약속해둔 각 영문 장졸들을 소집하여 창덕궁 안에 진을 쳤습니다.

반정의 밤 _

밤은 어두웠고, 살기가 하늘까지 뻗쳤으나 태풍의 눈처럼 도성은 조용했습니다. 반정군들이 신수근·신수영 형제를 비롯하여 임사홍 등 간신배를 철퇴로 박살냈습니다. 연산군의 총애를 받던 전동·김효손·강응·심금종 등을 잡아 목을 베어 군문에 매달았습니다. 그리고 옥문을 열어 무고한 사람들을 놓아 주자 그들은 환성을 지르며 뛰어나왔습니다. 이윽고 하늘이 밝아오자, 군사를 나누어 궁궐을 지키게 하는 한편, 박원종 등은 백관과 군졸을 거느리고 경복궁에 들어가서 자순대비(정현왕후, 성종의 둘째 계비)에게 아뢰었습니다.

진성대군을 왕위에, 전왕은 폐하여 연산군으로 강봉하노라 _

"임금이 혼미하여 정사를 문란케 하고 백성을 도탄 속에 몰아넣어 종사가 누란의 위기에 처하였습니다. 이에 신 등이 반정을 거사하였나이다. 이탈한 민심이 진성대군에게로 쏠렸기에 대비마마의 처분을 묻고자 대령하였사오니, 허락하여 주시옵소서."

그러나 자순대비는 몸을 떨며 조심스럽게 말했습니다.

"진성이 어찌 이런 중임을 감당할 수 있으리오. 지금 세자가 총명하니 경들은 그를 세우고 잘 보필하여 종사를 편안케 하시오.”

영의정 유순이 나서서, 온 백성들의 바라는 바이니 물리칠 수 없다고 강력하게
아뢰니, 결국 자순대비가 허락했습니다. 그리하여 유순과 강흠 등이 시위의장을 갖
추어 진성대군 집으로 가서 그를 궐내로 모셔왔습니다. 이에 자순대비는 비망기(명
령을 간략하게 기록하여 하달하는 문서)를 내리니 그 내용은 다음과 같습니다.

“이 사직은 백 년의 덕을 닦아 만세의 터를 쌓고자했거늘 불행하게도 현재의 임
금이 덕이 없어 민생이 도탄에 빠졌도다. 대소 신료들과 백성들이 종사를 바로잡
지 않으면 아니 되겠다 하노라. 이에 민심이 모이는 진성대군을 추대한다고 하노라.
이제 신하들의 뜻을 좇아 진성대군을 왕위에 나아가게 하고 전왕은 폐하여 연산

정릉의 혼유석

군으로 강봉하노라. 기울어져 가는 나라를 바로잡고자 함이니 여러 신민들은 나의 뜻을 살필지어다."

반정은 성공했지만, 임금은 힘이 없다 _

중종반정이라 불리는 거사는 성공했습니다. 신하들이 대비의 명을 받은 후, 진성대군이 면류관과 장복을 갖추고 근정전에서 등극하니, 11대 중종입니다. 그때 나이 19세였습니다. 거사에서 그가 한 역할은 아무 것도 없습니다. 가슴 죄며 벌벌 떨었을 뿐입니다. 그러니 그의 영향력이 미미할 수밖에 없지요. 38년이나 왕위에 있다가, 죽어서도 자신의 뜻과는 무관하게 무덤이 옮겨졌습니다.

중종은 성종(9대)의 둘째 아들이며 연산군(10대)의 이복동생입니다. 반정 세력의 힘으로 왕이 되었습니다. 왕위에 올랐지만 반정공신들의 세력에 밀려 조정의 주도권을 장악하지 못했습니다. 38년간 왕위에 있었지만 내내 신하들에게 휘둘렸습니다. 중종의 업적은 별로 없고 '중종반정'이란 말만 귀에 익숙합니다.

⛰ 정릉靖陵

11대 중종의 능으로, 서울 강남구 삼성2동 135-4, 선정릉 능역 안에 있다.

중종이 승하하자 아들 인종은 선왕을 경기도 고양에 예장하고 묘호를 중종, 능호를 희릉으로 했다. 그 후 현재 서삼릉 능역에 있는 제1계비 장경왕후 윤씨의 능인 희릉 오른쪽 언덕에 정릉을 조성했다. 1562년(명종 17) 중종의 제2계비 문정왕후의 주장으로 중종의 능은 지금의 서울 강남구 삼성동으로 천장했다. 풍수적으로 불길한 자리에 선왕을 모실 수 없다는 것이 이유였다.

그러나 정릉은 지대가 낮아서 여름철에는 재실까지 강물이 들어 보토하는데 많은 비용을 들여야 했다. 그런 중에 문정왕후가 승하하자 왕비의 능은 부득이 다른 곳(태릉)을 택했다.

3명의 왕후를 두고도 중종의 능은 단릉이다. 원비 단경왕후 신씨는 온릉(경기도 양주시 장흥면 일영리), 제1계비 장경왕후 신씨는 희릉(경기도 고양시 덕양구 원당동, 서삼릉 능역), 제2계비 문정왕후 윤씨는 태릉(서울 노원구 공릉동)에 있다. 부부가 흩어져 네 개의 능을 차지하고 있다. 조선의 능은 모두 42기이다. 약 10%를 중종 부부가 차지하고 있다. 왕과 정비, 계비가 오순도순 모여 있으면 좋으련만.

아버지 성종과 계비 정현왕후 윤씨의 능인 선릉이 곁에 있다. 합쳐서 선정릉이라 부른다.

⫽⫽⫽⫽ 사적 제199호.

퀴즈

📋 중종이 훈구대신들의 상소를 받아들여 조광조, 김정, 김식 등 신진 사림 세력을 축출한 사건은?

답) 기묘사화

- -

토론해봅시다

💡 중종이 반정 공신 세력에게 휘둘리기 싫어서 펼친 정책에 대해 토론해봅시다.

태릉에서 문정왕후와 보우 스님, 다시보기

문정왕후에게는 별명은 많습니다 _

조선의 측천무후, 질투의 화신, 철의 여인 등으로 불립니다. 보우 스님은? 요승(요사스러운 중) 보우라는 칭호가 귀에 익습니다. 그렇게 듣고 배웠지요. 수백 년 동안 전승된 것이라 진리로 여기며 비난에 앞장서는 것을 서슴지 않습니다. 태릉에 들어서며 회한에 젖습니다. 문정왕후는 중종 임금의 왕비이나 본격적으로 활동한 시기는 명종 임금 때입니다.

길거리에 놓인 돌부리 차듯 불교를 폄훼하고 승려를 구박해도 예사로운 것이 조선시대의 풍경이었습니다. 명종이 12세에 즉위하여 문정왕후가 수렴청정을 하면서 불교의 위상이 변했습니다. 문정왕후가 독실한 불자였기 때문에 불교의 교세가 일어났습니다.

문정대비는 불교중흥을 위하여 대임을 맡을 고승을 물색하여 양주 회암사에 있던 허응 보우 스님을 맞아들였습니다. 명종 5년(1550) 12월, 선·교 양종을 다시 일으키고 승과를 부활했습니다. 봉은사를 선종 본산으로, 봉선사를 교종 본산으로 삼았습니다. 명종 6년 6월에 보우 스님을 봉은사 주지로, 수진 스님을 봉선사 주지로 임명했습니다.

명종 7년, 양종의 승려를 선발하는 승과를 실시했습니다. 다시 양종이 부활되고 교단은 활기를 띠고 인재들이 모여들었습니다. 고려 보조국사와 더불어 조선

불교중흥의 대조사라 할 수 있는 서산대사 휴정, 사명당 유정도 승과에 의해 등용되었습니다.

불심으로 나라의 평안을 이루고자 했으나 _

보우 스님는 15세에 금강산 마하연암으로 출가했습니다. 그 뒤 장안사·표훈사에서 수행을 하고 학문을 닦았습니다. 6년 동안 정진 끝에 마음을 자유롭게 할 수 있는 법력을 얻었고, 《대장경》을 섭렵하는 한편 《주역》도 공부했습니다. 재상 정만종이 보우 스님의 인품과 도량을 문정대비에게 알려 인연을 맺게 되었습니다.

봉은사 주지에 취임하여 제일 먼저 문정대비로 하여금 《경국대전》의 '금유생상사지법禁儒生上寺之法'을 적용하여, 사찰에 침입하여 난동을 부리고 물건을 훔친 유생들 중에서 가장 횡포가 심했던 황언징을 처벌했습니다.

봉은사와 봉선사에 방을 붙여 잡된 사람들의 출입을 금지시켜 유생들의 횡포를 막았습니다. 이러한 일은 조선시대에 와서 처음 있는 일로서 유생들의 심한 반발을 사서 이 문제가 조정으로 비화되었습니다.

문정대비가 이러한 조처를 한 것은 보우 스님이 뒤에서 조종한 것이라 하여 1549년 9월 성균관 생원인 안사준 등이 요승 보우의 목을 베고 황언징을 풀어달라는 건의를 조정에 올렸습니다.

그러나 문정대비는 "이유 없이 승려들을 괴롭히고 법당에 난입하여 도둑질하는 행위를 처벌하지 않으면 뒷날의 폐단이 걱정된다."는 이유로 상소를 받아들이지 않았습니다. 이때부터 문정대비·보우 스님과 유생들 사이에 치열한 힘겨루기가 전개됩니다.

봉은사와 봉선사에 방을 붙인 것을 계기로 그 뒤 전국의 각 사찰에 이러한 공

정자각에서 본 태릉의 봉분

고문을 붙여 보호했습니다.

빗발치는 탄핵 상소 _

그러나 유생들은 선교 양종과 도첩제·승과제의 폐지를 요구하고, 보우의 처벌을 주장하는 상소를 계속 올렸습니다. 승정원·홍문관·예문관·사헌부 등에서 매일 번갈아 상소를 하였고, 좌의정이 백관을 인솔하여 계를 올리는가 하면 성균관 학생들은 종묘에 고하고 성균관을 비우기까지 했습니다.

선교 양종을 부활하라는 문정대비의 비망기가 내려진 뒤 6개월 사이에 상소문이 무려 423건이나 되었고, 역적 보우를 죽이라는 것이 75건이나 되었습니다. 그러나 보우 스님은 "지금 내가 없으면 후세에 불법이 영원히 끊어질 것이다."라는 신념을 가지고 불법을 보호하고 종단을 소생시키는 일에 목숨을 걸었습니다.

결국 귀양지에서 순교 _

그러나 명종 20년(1565) 4월 문정대비가 승하했습니다. 대비의 장례를 마친 유생들은 곧바로 보우의 배척과 불교탄압을 주장하는 상소문을 올렸습니다. 잇따른 상소에 명종은 보우의 승직을 박탈했습니다. 미온적인 조치에 만족할 수 없었던 유생들과 정승들까지 나서서 보우를 죽이라고 건의하자 보우는 한계산 설악사에 은거했습니다.

은거처를 떠났으나 율곡 이이가 〈논요승보우소〉를 올려 그를 귀양 보낼 것을 주장함에 따라 명종은 보우 스님을 제주도로 귀양 보냈습니다.

귀양지에서 보우 스님은 제주목사 변협에 의하여 죽음을 당했습니다. 보우 스님은 억불정책의 광풍 속에서 불교를 중흥시킨 순교승으로 재평가되고 있습니다.

태릉泰陵

11대 중종의 제2계비 문정왕후(1501~1565) 윤씨의 능으로, 서울 노원구 공릉동 산 313-19에 있다.

왕후는 생전에 서삼릉에 있던 중종의 정릉을 봉은사 곁으로 천장하고 자신도 그 곁에 묻히고자 했으나 지대가 낮아 장마철에 물이 들어차는 바람에 뜻을 이루지 못하고 이곳에 묻혔다. 13대 명종과 인순왕후 심씨의 능인 강릉康陵과 함께 태강릉으로 불린다.

|||| 사적 제201호
|||| 면적 163만2,281㎡ (49만3,765평)

퀴즈

📖 중종시대에 활약한 학자로 〈화담집〉을 지은 이는?

답) 서경덕

📖 그 학자와 교류한 유명한 기생은?

답) 황진이

토론해봅시다

💬 중종에 의해 발탁되어 급진적인 개혁정책을 펼친 조광조에 대해 알아보고 토론해봅시다.

하늘이 낳은 대효자의 짧은 치세

인종은 조선조 역대 왕들 중 제일의 효자왕입니다 _

하늘이 낸 대효자라고 칭하고 있습니다. 그러나 극진한 효자일 뿐, 강단 있는 군왕의 능력을 타고나지 못했습니다. 핏덩이 시절인 생후 7일 만에 어머니를 여의었습니다. 검소하고 유약한 군주, 서른한 살 한창 나이에 승하한 그에게 인종仁宗이란 묘호를 올렸고 능호를 효릉孝陵이라 붙였습니다. 왕위에 앉은 것은 고작 8개월 보름 동안 입니다. 역대 조선왕 중 최단기간 재위했습니다. 부인을 셋 두었으나 자녀는 한 명도 남기지 못했습니다. 후사가 없는 왕은 6대 단종, 12대 인종, 20대 경종, 27대 순종 등 4명입니다.

그의 효성은 타의 추종을 불허합니다 _

아버지 중종이 병들자 어의가 올린 약을 반드시 먼저 맛을 보았습니다. 의관을 벗지 않고 손수 병수발을 했습니다. 병환이 위중해지자 대신들에게 종묘와 산천에 빌도록 명을 내렸습니다. 한겨울에 찬물로 목욕하고 분향하며 밤부터 새벽까지 쾌유를 비는 기도를 올렸습니다.

중종이 승하하자 엿새 동안 미음조차 들지 않았다. 다섯 달 동안 곡소리를 그치지 않
았고 죽만 마시고 소금과 간장을 입에 대지 않았다. 장례를 치르고 나서도 빈소를 지
켰다. 정사를 전혀 돌보지 않은 것은 아니지만 군국에 관한 업무는 대신들에게 위임
했다. 초상 때부터 수척한 것이 극에 이르러 대신들이 고기를 먹으라고 권해도 물리
쳤다. 문정대비가 권해도 마지못해 드실 듯 하다가 들지 않았다. 왕이 병약한 몸으로
친히 혼전에 제사를 지내려고 해서 문정대비와 대신들이 말렸으나 '죽음의 신이 선왕
을 데려가는데 자식 된 도리를 못한 것이 너무 아프다'며 듣지 않았다. 〈인종실록 권2〉

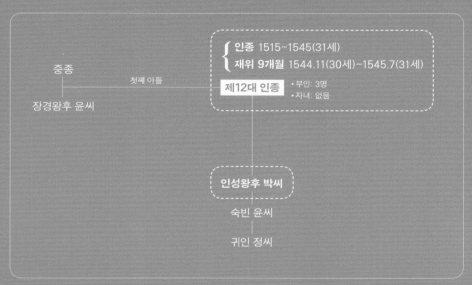

제12대 인종 가계도

인종 1515~1545(31세)
재위 9개월 1544.11(30세)~1545.7(31세)

제12대 인종
• 부인: 3명
• 자녀: 없음

중종
첫째 아들

장경왕후 윤씨

인성왕후 박씨

숙빈 윤씨

귀인 정씨

금욕생활을 한 임금님 _

인종은 중종과 장경왕후의 맏아들로 태어났습니다. 여섯 살 때(1520년, 중종15) 왕세자로 책봉되어 25년간 세자로 있었습니다. 3세 때부터 글을 배워 익히고 8세 때 성균관에 입학했습니다. 지극한 효성과 너그러운 성품으로 사람들은 성군의 재목이라 부르는데 주저하지 않았습니다. 그러나 정치력, 국가 통솔력은 회의적입니다. 금욕적인 면도 두드러집니다. 동궁에 머물 당시 옷을 화려하게 입은 궁녀는 모두 내쫓았습니다. 이런저런 연유로 부인을 셋 두었으나 후사가 없음은 금욕생활을 짐작케 합니다. 그가 군왕이 아니었다면, 출가하여 큰 스님이 되기에 넉넉한 그릇으로 여겨집니다. 30대에 요절하는 비극도 피할 수 있었을 것입니다.

효릉 전경

백돌아, 백돌아! 어서 나오너라 _

그를 애석하게 여기는 야사가 많습니다. 그를 기리자면 반동인물이 필요합니다. 계모인 문정왕후가 그 역을 맡았습니다. 문정왕후 윤씨는 여러 차례 인종을 죽이려 했습니다. 세자로 있을 때, 그와 빈궁(세자의 부인)이 동궁에서 잠자고 있는데 뜨거운 열기가 번져 일어나보니 동궁이 불타고 있었습니다. 그는 당황하지 않고 빈궁을 깨워 먼저 나가라고 했습니다. 그리고 자신은 앉아서 불에 타 죽겠다고 했습니다. 누가 불을 지른 것인지 알고 있었기 때문입니다. 비록 계모이긴 하지만 어머니인 문정왕후가 그토록 자신을 죽이려하니 자식된 도리로 죽어주는 것이 효를 행하는 길이라고 작정했습니다.

"내 전날에 죽음을 피한 것은 부모님에게 악한 소문이 돌아갈까 두려워서였는데, 이제 밤중에 깊은 잠을 자다가 불에 타 죽었다면 그런 소문은 퍼지지 않을 것이니 나는 피하지 않겠소. 빈궁이나 불길을 피해 나가시오."

빈궁도 혼자서는 불길 밖으로 나가지 않겠다고 버텼습니다. 두 사람 모두 금방 불길에 휩싸여 타죽을 상황입니다.

그때 밖에서 다급하게 그를 부르는 소리가 들렸습니다.

"백돌아! 백돌아! 어서 나오너라."

세자를 애타게 부르는 아버지 중종의 목소리였습니다. 상황이 워낙 급해 중종은 세자의 아명을 부른 것입니다. 세자는 그 소리를 듣고, 불타 죽는 것이 문정왕후에겐 효행이 되나 부왕에겐 불효, 불충이라고 여겨 눈물을 흘리며 빈궁을 이끌고 불길을 헤치고 나왔습니다.

이 불은 누군가가 여러 마리의 쥐꼬리에 기름 먹인 솜을 매달아 불을 붙여 동궁으로 들여보내 방화한 것입니다. 세자는 불을 지른 범인을 색출하라고 명하지 않았습니다. 시간이 흘러 이 사건은 넘어갔습니다.

독이 든 다과를 먹고 _

즉위 후에도 인종은 문정왕후에 대한 효성이 변함없었습니다. 계모이긴 하지만 자신을 키워준 은공을 갚으려 극진히 예우했습니다. 그러나 문정대비는 인종에 대한 증오를 거두지 않았습니다. 문안 인사를 오면,

"홀로 된 첩과 약한 내 아들을 어찌 보전하겠소."

자신과 아들 경원대군을 가리키는 말입니다. 인종은 이 말을 듣고 아침부터 따가운 햇볕이 내리쪼이는 대비전 밖 땅바닥에 엎드려 있었습니다. 임금이 석고대죄를 한 것입니다. 또다시 문안을 오면 자신과 아들 경원대군(명종)을 언제쯤 죽일 거냐고 대거리했습니다.

인종이 죽은 것은 문정왕후가 내놓은 독이 든 다과가 원인이라고 야사는 전합니다. 어느 날 인종이 문안차 대비전에 들렀습니다. 평소에는 돌 씹은 표정으로 박대하던 대비가 입가에 웃음을 흘리며 인종을 반겼습니다. 그리

표정이 밝은 동쪽의 무인석(위)
표정이 어두운 서쪽의 무인석(아래)

고 다과를 내놓았습니다. 왕은 난생 처음 자신을 환대하는 계모를 보고 기분이 좋아 아무런 의심 없이 다과를 먹었습니다. 그 후로 시름시름 앓다가 죽었습니다. 사실 여부와 관계없이 야사는 독살이라고 전합니다.

부왕 중종의 장례를 치르느라 몸이 쇠약해져서 인종의 건강을 더욱 악화시켰습니다. 약방 제조들이 문안하면, "더위 증세가 조금 있을 뿐이니 문안하지 말라." "이제는 기후가 덜하니 문안하지 말라. 이렇게 몹시 더운데 문안하니 도리어 미안하다."라고 했습니다. 심한 설사 즉 이질이 죽음의 원인이었습니다. 독살설은 문정왕후의 섭정 기간 내내 찬밥 신세였던 사림파들이 은밀히, 끊임없이 퍼트린 소문입니다.

임종을 앞두고 인종은 유언을 남겼습니다

"내 죽거든 부모님 곁에 묻고 장례는 소박하게 하여 백성들을 힘들게 하지 말라. 옥좌는 경원대군에게 전위한다. 경들은 더욱 힘쓰고 도와서 내 뜻에 부응하라."

경원대군은 문정왕후의 친아들입니다. 여러 가지를 생각케 하는 처사입니다.

문정왕후는 중종~명종 3대에 걸쳐 악역으로 나옵니다. 그의 행적은 비난 일색입니다. 당시나 그 후나 입 가진 자, 붓끝 놀리는 자들에게 비난의 심리가 세습되었습니다. 당시의 권력 구도, 유림들의 의식구조, 문정왕후의 숭불 노력 등을 살펴보면 감정적 평가는 반성을 필요로 합니다. 조금이라도 숭불의 기색이 보이면 조정 대신들과 유생들이 벌떼처럼 일어나던 시대였습니다. 사림파의 이념인 성리학이 아니라 불교를 중흥시키려하자 문정왕후는 비난과 음해의 표적이 되었습니다.

그 표적에 융단 폭격이 퍼부어졌습니다.

🌓 효릉孝陵

12대 인종(1515~1545)과 그의 비 인성왕후(1514~1577) 박씨의 능으로, 서삼릉(p.26 참조) 능역 안에 있다.

인종은 중종의 맏아들로 왕위에 오른 지 9개월 만에 31세로 승하했다. 죽기 전, 이복 동생인 경원대군에게 왕위를 물려준다는 것과 부모의 능 곁에 묻어주고 장례를 검소하게 치르라는 유교를 남겼다.

인종은 어머니 장경왕후(희릉) 옆 언덕에 안장되었고, 효성이 지극함을 기려 능호를 효릉이라 했다. 인성왕후도 후일 인종 왼쪽에 비워두었던 왕비릉 자리에 안장되었다.

퀴즈

📋 조선 역대 왕 중 재위 기간이 가장 짧은 왕과 가장 오래 재위한 왕은?

　답) 가장 짧게 재위한 왕 : 12대 인종 9개월

　　　가장 오래 재위한 왕 : 21대 영조 51년 7개월

토론해봅시다

💬 12대 인종과 3대 태종을 비교하여 효(孝)에 대해 토론해봅시다.

눈물의 제왕, 명종

태강릉의 명칭은 강태릉이 되어야 합니다 _

태릉은 왕비 신분인 문정왕후의 능이고 강릉은 임금인 명종의 능이기 때문입니다. 그러나 철의 여인을 어머니로 둔 탓에 명종은 죽어서도 어머니의 그늘을 벗어나지 못하고 있습니다.

태릉은 서울 강북 지역의 명소입니다. 휴일이면 능을 찾아 휴식을 즐기는 인파가 넘칩니다. 연간 30만 명이 방문합니다. 좁은 주차장이 미어터져 도로까지 차들이 점령합니다. 주변 시설들도 태릉의 이름만 빌려 씁니다. 태릉선수촌, 태릉 국제종합사격장, 태릉 푸른동산, 태릉 컨트리클럽, 심지어 태릉갈비까지. 강릉 바로 곁에 있는 스케이트장마저 태릉 스케이트장입니다. 살아서는 곤룡포 입고도 어머니에게 종아리를 맞고 반말로 훈계를 듣더니 죽어서도 어머니는 무섭고 두려운 존재입니다.

요즘 사람들도 태릉 곁에 강릉이 있는 줄 잘 모릅니다. 1킬로미터 떨어진 태릉에서 어머니의 호령이 들릴까봐 숨죽이고 있는 것 같습니다.

35세에 낳은 아들 _

명종은 중종의 둘째 아들로 제2계비 문정왕후에게서 태어났습니다. 인종이 죽자 12세인 경원대군이 왕위를 이으니 명종입니다. 이복형 인종은 이름대로 착하고 어진 임금이었습니다. 왕위를 이복동생에게 전위한다는 유언을 남겼습니다. 복잡한 정쟁을 정리하고 자신이 낳은 아들을 옥좌에 앉히겠다는 문정왕후의 간절한 소망

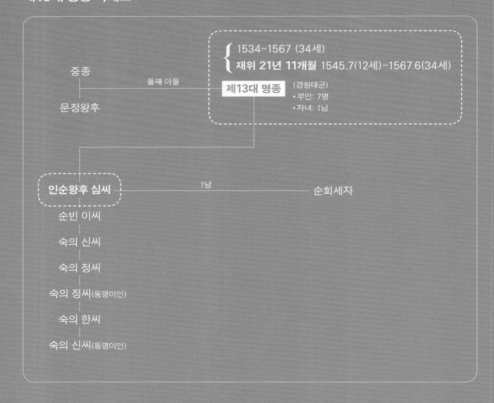

제13대 명종 가계도

중종 ——— 둘째 아들 ———

1534~1567 (34세)
재위 21년 11개월 1545.7(12세)~1567.6(34세)

제13대 명종 (경원대군)
• 부인: 7명
• 자녀: 1남

문정왕후

인순왕후 심씨 ——— 1남 ——— 순회세자

순빈 이씨

숙의 신씨

숙의 정씨

숙의 정씨(동명이인)

숙의 한씨

숙의 신씨(동명이인)

이 이루어진 것입니다.

명종은 문정왕후가 35세에 낳은 아들입니다. 당시로서는 대단히 늦은 출산입니다. 그녀가 명종을 낳았을 때 중종의 제1계비 장경왕후의 아들 인종은 이미 20세였습니다. 따라서 명종이 왕이 될 확률은 거의 없었습니다. 그러나 인종은 후사 없이 31세로 승하했습니다. 그래서 문정왕후의 인종 독살설은 힘을 받습니다.

명종에겐 불행의 시간, 눈물의 세월 _

묘호를 짓는 이가 명종明:밝을 명宗의 속뜻이 명종鳴:울 명宗임을 암시한 것일까요. 여장부풍의 괄괄한 어머니의 호령, 을사사화, 양재역 벽서사건, 임꺽정의 출현, 을묘왜변 등 하루도 편할 날이 없었습니다. 명종은 7명의 부인을 두었으나 인순왕후 심씨에게서 겨우 아들 하나 달랑 얻었습니다. 아들 순화세자마저 13세에 요절했습니다. 왕후에게서 난 자식이 대를 잇는 맥이 끊어졌습니다.

명종은 12세에 즉위했기 때문에 성년

강릉의 정자각(위)과 병풍석(아래)

강릉 전경

이 되는 20세까지 8년 동안 문정왕후의 수렴청정을 받아야했습니다. 성년이 된 후에도 수렴만 없어졌지 어머니의 리모컨에서 벗어나지 못했습니다. 22년간 재위했으나 어머니의 압력에서 벗어난 시간은 채 2년이 못됩니다. 어머니가 죽은 후 겨우 2년 정도 친정을 했습니다. 명종조는 유난히 자연재해, 도적떼의 출몰이 많았습니다.

명종 17년(1562) 4월, 경기도 여주와 전라도 진안에 서리가 내렸습니다. 사관이 기록하기를, '4월에 서리가 내리는 것은 옛사람이 경계한 바이다. 인사가 잘못되면 천변이 반응하는 법이다. 날마다 의논하는 것들이 나라를 그르치고 임금을 그르치는 계책이니 하늘이 경고하는 것은 당연하다.'

임꺽정이 나타나다 _

조선 3대 도둑(혹은 3대 의적)은 홍길동, 임꺽정, 장길산입니다. 그중 임꺽정은 명종 때 활동한 인물입니다. 임꺽정은 양주의 백정 출신입니다. 도적떼의 두령들을 끌어 모아 재물을 약탈하고 관군을 괴롭혔습니다. 임꺽정의 무리는 황해도, 경기도 를 누비며 1559년부터 1562년까지 만 3년 동안 강탈과 노략질을 했습니다. 그러나 백성들 사이에는 의적으로 통했습니다. 그를 잡으러 다니는 관군을 오히려 미워했습니다. 관아를 습격하여 창고를 털어 재물을 백성들에게 나누어 주었습니다. 백성들은 그들을 숨겨주거나 달아나도록 도와주었습니다. 임꺽정은 체포령이 내린 지 3년 만에 황해도 토포사 남치근과 강원도 토포사 김세한에게 붙잡혔습니다. 체포된 지 15일 만에 처형됐습니다. 1562년 정월, 명종 18년 때 일입니다.

《명종실록》도 그들을 은근히 감싸고 있습니다. '나라에 선정이 없으면 교화가 밝지 못하다. 재상이 멋대로 욕심을 채우고 수령이 백성을 학대하여 살을 깎고 뼈를 발리면 고혈이 다 말라버린다. 수족을 둘 데 없어도 하소연할 곳이 없다. 아침저녁 거리가 없어 목숨을 연명하고자 도둑이 되었다. 그들이 도둑이 된 것은 왕정의 잘못이지 그들의 죄가 아니다.'라고 적고 있습니다. 이 기록은 당시 사람들이 임꺽정을 단순한 도적의 괴수로 여기지 않고 민심을 대변하는 의적으로 인식하고 있었다는 것을 증명합니다. 그래서 소설, 드라마, 영화가 만들어졌습니다. 하지만 이익은 〈성호사설〉에서 임꺽정을 조선의 3대 도적이라 규정했습니다. 평민에게는 의적으로, 양반에게는 도적으로 평가되었습니다.

서산에 해는 지고 _

다사다난했던 명종의 치세, 어머니가 죽자 드디어 굴레에서 벗어난 명종은 권력을

농단하던 윤원형 일파를 제거하고 보우를 유배 보내고 줄기차게 상소를 올려 괴롭
히던 교종, 선종을 폐지했습니다. 자신의 치세를 펼쳐보려고 안간힘을 쓰지만 채 2
년도 못돼 34세의 젊은 나이로 승하했습니다.

지리산 자락에서 후학들을 지도하며 한 번도 조정에 나가 벼슬을 하지 않았던
영남 사림의 큰 스승인 남명 조식은 명종의 승하 소식을 접하고 이렇게 심회를 읊
었습니다.

엄동에 베옷 입고 암혈에 눈비 맞아

구름 낀 볕뉘도 쬔 적이 없건마는

서산에 해진다하니 눈물겨워 하노라.

🌗 강릉康陵

13대 명종(1534~1567)과 인순왕후(1532~1575) 심씨의 능으로, 서울 노원구 공릉동 산 313-19, 태릉 안에 있다.

어머니 문정왕후릉(태릉)에서 1킬로미터 떨어진 동쪽 산줄기에 있다. 왕릉과 왕비릉 모두 병풍석을 둘렀으며 12칸의 난간석으로 연결되어 있다. 혼유석은 왕릉과 왕비릉에 각각 설치했다.

　좌우측 무인석은 생김새가 다르다. 코에 붉은 빛이 돌고 투구와 안면의 크기는 비슷하지만, 우측은 투구가 작고 이마 부분이 좁고 코가 둥글며, 턱과 양볼이 튀어나와 있다.

|||| 태릉과 함께 사적 제201호
|||| 면적 163만2,281㎡ (49만3,765평)

퀴즈

🗒 명종 즉위년(1545)에 일어난, 윤임, 유관, 유인숙 등을 사사하고 그 일파인 사림세력을 몰아낸 사건은?

답) 을사사화

토론해봅시다

◇ 명종의 심리상태를 그의 어머니 문정왕후와 연관 지어 토론해봅시다.

제14대 선조 가계도

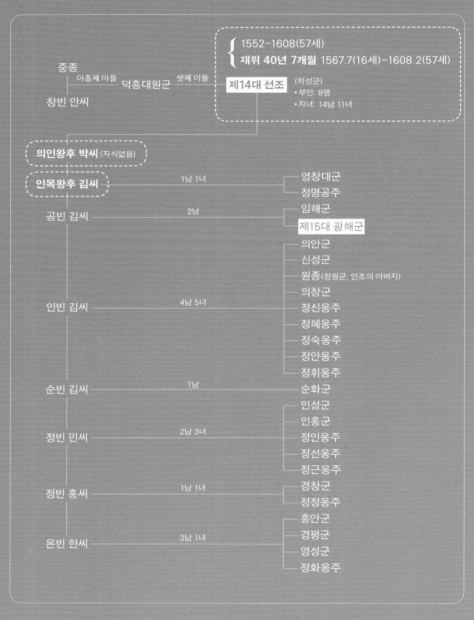

1552~1608(57세)
재위 40년 7개월 1567.7(16세)~1608.2(57세)

제14대 선조 (하성군)
• 부인: 8명
• 자녀: 14남 11녀

중종 ── 아홉째 아들 ── 덕흥대원군 ── 셋째 아들
창빈 안씨

의인왕후 박씨 (자식없음)

인목왕후 김씨 ──── 1남 1녀 ──── 영창대군
                              정명공주

공빈 김씨 ──── 2남 ──── 임해군
                      제15대 광해군

인빈 김씨 ──── 4남 5녀 ──── 의안군
                          신성군
                          원종(정원군, 인조의 아버지)
                          의창군
                          정신옹주
                          정혜옹주
                          정숙옹주
                          정안옹주
                          정휘옹주

순빈 김씨 ──── 1남 ──── 순화군

정빈 민씨 ──── 2남 3녀 ──── 인성군
                          인흥군
                          정인옹주
                          정선옹주
                          정근옹주

정빈 홍씨 ──── 1남 1녀 ──── 경창군
                          정정옹주

온빈 한씨 ──── 3남 1녀 ──── 흥안군
                          경평군
                          영성군
                          정화옹주

임진왜란을 맞아
불교의 저력을 발휘하다

선조, 서자 출신이 왕이 되다 _

명종의 유일한 혈육인 순화세자는 13세에 요절했습니다. 왕후와 6명의 후궁 중 누구도 잉태하지 못했습니다. 그래서, 중종의 아홉째 아들 덕흥군의 3남인 하성군이 왕위를 이어받았습니다. 그가 선조 임금입니다. 하성군의 즉위로 조선은 후궁에게서 태어난, 서얼 출신이 왕위를 잇는 초유의 사태를 맞았습니다. 부자연스런 즉위만큼이나 선조 대는 조선 최대의 국난의 시기입니다. 임진왜란·정유재란은 국가 최대의 위기였습니다. 온 나라가 초토화된 전란이었습니다. 1592년부터 1598년까지 2차에 걸쳐 왜국이 조선을 침범했습니다. 1차를 임진왜란, 2차를 정유재란이라 부릅니다. 임진란에 관한 역사는 많이 알려져 있으므로 여기선 선조 당시 불교의 역할에 대해 알아보겠습니다.

예고된 전쟁, 임진왜란 _

전란 이전, 배불사상은 시대를 지배하는 정신이었습니다. 산중 불교로 만족하며 수

서산대사 초상(왼쪽, 진주박물관), 사명대사 초상(오른쪽, 진주박물관)

행에 전념하는 것이 전부였습니다. 극심한 탄압은 없었으나 불교를 멸시하는 행위
는 여전했습니다. 국내외 정세는 심상치 않게 돌아갔습니다.

선조는 1590년 황윤길(정사) · 김성일(부사) · 허성(서장관)을 왜국에 통신사로 파견
하여 동태를 파악하도록 했습니다. 당시 일본에서는 도요토미 히데요시가 전국시
대를 통일하고 자신의 정치적 안정을 도모하기 위해 대륙침략을 계획하고 있었습
니다.

서인인 정사 황윤길은 일본이 많은 병선을 준비하고 있어 멀지 않아 병화가 있
을 것이라고 보고한 반면, 동인인 부사 김성일은 침입할 조짐을 발견하지 못하였
다고 보고했습니다. 상이한 이 보고에 대해서는 깊이 있는 연구가 필요합니다. 특

히 부사 김성일 보고의 속뜻, 임란 당시 초유사로 활약하다 병사한 그에 대한 재평가는 필요합니다.

1592년 4월 13일, 임진왜란이 터졌습니다 _

왜군이 부산포에 상륙, 파죽지세로 보름 만에 서울까지 쳐들어왔습니다. 선조는 개성으로, 이어 평양을 거쳐 의주까지 몽진(피난)했습니다. 왕이 적의 포로가 되는 것은 시간문제였습니다. 실록에는 수군 이순신, 의병, 명나라 원군의 활약상을 중심으로 기술되어 있습니다. 의승(스님들로 구성된 군대)의 역할은 기록이 미미합니다. 불교를 무시하는 당시의 세태 때문입니다. 그러나 기록이 허술하다고 그 활약마저 덮여지지는 않습니다.

임란의 영웅, 서산대사, 사명대사 _

선조는, 묘향산 보현사에 머물고 있던 서산대사 휴정에게 팔도도총섭(승직 가운데 최고의 직위)의 직함을 내리고 승군을 일으켜 적을 물리치라는 칙명을 내렸습니다. 배불사상이 지배하던 세상에서 멸시 당하던 승려들이 임진왜란이 터지자 갑자기 국가의 유용한 자원이 되었습니다. 휴정은 73세의 노구를 이끌고 결연히 일어났습니다. 전국 사찰에 격문을 보내 승군의 봉기를 호소했습니다. 서산대사는 순안 법흥사에서 의승 1천5백 명을 모았습니다. 사명대사는 건봉사에서 의승 7백 명을, 뇌묵대사는 전라도에서 1천 명을, 기허대사는 공주 갑사에서 7백 명을 모았습니다. 전국에서 의승군이 봉기하니 그 수가 5천여 명이 되었습니다.

의승군은 생사를 잊고 왜적과 싸웠습니다 _

석장을 휘두르며 선두에 서서 분전했습니다. 명나라 군대와 합세하여 평양성을 탈환했습니다. 왕이 환도할 때는 휴정이 지휘를 맡고 정예 의승군 7백 명을 뽑아 어가를 호위했습니다. 의승군의 활약상은 실록에 자세하게 기록되지 못했지만 국난 극복에 기여한 공로는 빛이 바랠 수 없습니다.

이순신·권율 등이 이끄는 관군도 왜군과 싸워 승리를 거두고, 전국 각지에서 의병이 봉기하여 왜군을 격퇴했습니다. 1593년 4월 왜군이 남쪽으로 퇴각하자 그해 10월 선조는 한양으로 돌아왔습니다. 1594년 훈련도감을 설치하고 조총과 탄환을 만드는 기술을 연마하도록 했습니다. 1597년 일본은 명과의 강화회담이 깨지자 다시 침입했습니다. 그러나 이순신이 이끄는 조선 수군과의 전투에서 연이은 패배와 도요토미가 사망하자 왜군은 총퇴각했습니다.

목릉의 문인석, 무인석 – 표정이 묘하다

임진왜란은 7년 만에 끝이 났습니다 _

그 후 사명대사는 일본에 건너가 도쿠가와 이에야스와 강화를 맺었습니다. 왜관을 열어 시장을 여는 것을 허락하고 조선인 포로를 데리고 귀국했습니다. 7년 동안 지속된 전란이 끝나자 선조는 전란으로 인한 피해복구와 민심 안정을 위해 전력을 다했습니다. 스스로 의복을 검소하게 입고 사치를 배격했습니다. 농토를 개간하고 식량증산을 독려했습니다. 전란 중 공을 세운 사람들은 신분에 관계없이 상을 내렸습니다.

불행의 씨앗을 남기고 _

그러나, 전란 복구 노력에도 불구하고 거듭되는 흉년과 조정의 당쟁이 악화되어 성과를 거두지 못했습니다. 전란의 수습과 복구를 깔끔하게 처리하지 못한 채 선조는 59세(1608)를 일기로 41년간의 치세를 마감했습니다. 이후에도 불행은 이어졌습니다. 승하하기 전 신하들에게 계비 소생 영창대군을 부탁한다는 유훈을 남겼으나, 광해군에 의해 영창대군은 아홉 살에 살해되었습니다.

선조는 8명의 부인에게서 14남 11녀를 얻었으나, 그 많은 자식들의 삶은 순조롭지 못했습니다. 정비 의인왕후는 자식이 없었고, 계비 인목왕후는 너무 늦게 영창대군을 낳았습니다. 적실이 아닌 공빈 김씨가 낳은 광해군이 왕위를 계승하면서 험난한 역사를 예고합니다.

🌑 목릉穆陵

14대 선조(1552-1608)와 원비 의인왕후(1555-1600) 박씨, 계비 인목왕후(1584-1632) 김씨의 능으로, 동구릉(p.24 참조) 능역 안에 있다.

정자각 뒤로 세 개의 언덕이 보이는데, 동원이강 형식의 변형이다. 왼쪽이 선조의 능, 가운데가 의인왕후, 오른쪽이 인목왕후의 능이다.

처음에는 건원릉 서쪽 다섯 번째 산줄기에 안장되었는데, 물기가 있고 불길하다 하여 지금 자리로 옮겼다. 의인왕후는 건원릉 동쪽 셋째 산줄기에, 인목왕후는 건원릉 동쪽 다섯째 산줄기에 안장되었다.

퀴즈

📄 임진왜란 당시의 국제정세 및 사회 형편을 배경으로 하여 전쟁의 발생과정과 전쟁 중에 활약한 장수들의 활약상을 다룬 작자 미상의 소설은?

답) 임진록

토론해봅시다

💬 통신사 부사였던 학봉 김성일의 임진왜란 당시 활약에 대해 조사하고 토론해봅시다.

역사는 준엄한가요, 애석한가요?

교회 공원묘지 안에 있는 광해군 묘 _

왕릉 답사를 가는 발걸음은 가볍습니다. 소풍가는 기분으로 도시락, 카메라를 챙깁니다. 그러나, 광해군 묘를 찾아가는 발걸음은 무겁습니다. 불행한 붕당의 희생자는 경사가 심한 비탈에 조용하게 누워있습니다. 들어가는 입구부터 어색합니다. 그가 잠든 곳은 영락교회의 공원묘지입니다. 공원묘지 통행로를 한참 올라가다보면 도로 옆 비탈에 광해군 부부가 누워있습니다. 능이란 이름을 얻지 못했기에 주변에 공원묘지가 조성되었습니다.

어쩔 수 없이 세자가 되다 _

광해군은 선조의 둘째 아들입니다. 후궁 공빈 김씨에게서 태어났습니다. 출생부터 파란을 예고했습니다. 조선 왕조는 명분을 최대가치로 삼았습니다. 어느 쪽이든 논리는 견고합니다. 논리 이전의 논리, 불립문자가 끼어들 틈이 없는 시대였습니다. 예나 지금이나 권력의 속성은 제로섬 게임입니다. 전부 全部 아니면 전무 全無입니다. 목숨까지 담보한 게임이기에 처절합니다.

제15대 광해군 가계도

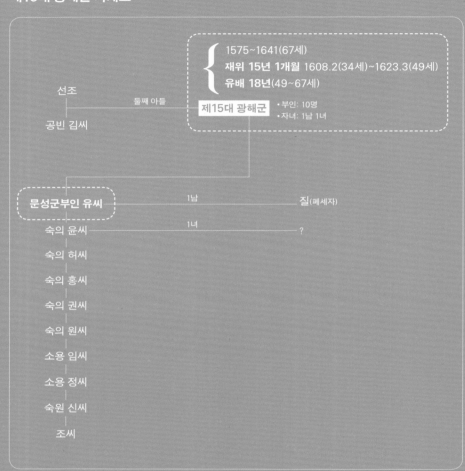

{ 1575~1641(67세)
재위 **15년 1개월** 1608.2(34세)~1623.3(49세)
유배 **18년**(49~67세)

선조 ——— 둘째 아들 ——— **제15대 광해군**
공빈 김씨

• 부인: 10명
• 자녀: 1남 1녀

문성군부인 유씨 ——— 1남 ——— 질(폐세자)
숙의 윤씨 ——— 1녀 ——— ?
숙의 허씨
숙의 홍씨
숙의 권씨
숙의 원씨
소용 임씨
소용 정씨
숙원 신씨
조씨

선조는 아들이 14명이나 되었지만 정비 소생은 없었습니다. 어쩔 수 없이 서자 중에서 세자를 택해야했습니다. 선조 자신이 방계 혈통으로 왕위에 오른 사실이 걸려 세자 책봉을 미적미적 미루었습니다. 그러나 선조의 나이 40세를 넘기자 대신들은 세자 책봉을 더 이상 미루어서는 안 된다는 주청을 올렸습니다. 그러던 차에 임진왜란이 터졌습니다. 동복형 임해군은 성격이 난폭하여 주변의 존경을 받지 못해 제왕 후보에 들지 못했습니다. 어쩔 수 없이 적자도 아니요, 장자도 아닌 광해군이 대통을 이을 세자가 되었습니다.

임진란 때는 만약의 사태에 대비해 조정의 일부 권한을 위임받았습니다. 그 뒤 7개월 동안 강원·함경도 등지에서 의병 모집 등 분조 활동을 하다가 행재소(임금이 멀리 거동하여 임시로 머물러 있는 곳)에 합류했습니다.

영창대군이 태어나다 _

1606년 선조의 계비 인목왕후 김씨에게서 영창대군이 태어났습니다. 그의 탄생은 피바람을 일으키는 단초가 되었습니다. 광해군이 서자이며 둘째아들이라는 이유로 영창대군을 후사로 삼을 것을 주장하는 소북파와, 광해군을 지지하는 대북파 사이에 붕쟁이 확대되었습니다.

1613년 조령에서 잡힌 강도 박응서가 인목왕후의 아버지 김제남과 역모를 꾀하려 했다는 허위 진술에 따라 김제남을 사사했습니다. 또 영창대군을 서인으로 강등하여 강화에 위리안치했다가 이듬 해 강화부사 정항에 의해 증살(뜨거운 방에 가두어 질식사시킴)되었습니다. 이 때 영창대군의 나이 아홉 살이었습니다. 1615년 대북파의 무고로 능창군(인조의 친동생) 추대 사건에 연루된 신경희 등 반대 세력을 제거하고, 1618년 이이첨 등이 폐모론을 주장하여 인목대비를 서궁에 유폐시켰습니다.

광해군의 능란한 실리 외교정책 _

인조반정의 명분은 두 가지입니다. 광해군이 명나라에 대한 친명 사대주의를 거부한 것과, 선조의 적자 영창대군을 죽이고 계모 인목대비를 유폐했다는 것입니다. 그러나, 광해군의 외교 전략은 오늘날에도 한반도 정세에 참고가 됩니다. 부끄럽고 속상하지만 작은 나라 한반도는 여우, 박쥐와 같은 생존전략이 필요합니다.

　만주에서 여진족의 세력이 강성해져 후금을 건국하자 광해군은 그에 대비하여 대포를 주조하고 평양감사에 박엽, 만포첨사에 정충신을 임명하여 국방을 강화했습니다. 이 때 후금과 전투를 벌이던 명나라에서 조선에 원병을 요청했습니다. 왕은 강홍립에게 군사 1만 명을 주어 출병케 했습니다. 그러나 부차싸움에서 명나라가 후금에게 패하자 강홍립에게 적당히 싸우는 체하다가 후금에 투항해 누루하

광해군 묘

치와 화의를 맺도록 하는 능란한 외교 솜씨를 보였습니다. 명나라에 대해서는 협력하는 체하고, 후금에 대해서는 명의 강요에 의해서 출병했을 뿐, 후금과 우호를 다질 의향이 있음을 내비쳤습니다. 강홍립은 후금에 억류되어 있으면서 후금의 동향을 보고하는 밀서를 수시로 보냈습니다. 광해군의 실리 외교는 오늘날에도 참고서가 됩니다.

그러나 명분론자들은 대명 사대주의를 고수했습니다. 그들은 국제 정세에 어두웠습니다. 명나라는 기울고 있고 후금(청)은 일어서고 있음을 몰랐습니다. 인조반정을 일으킨 이들은 결국 병자호란을 맞고 삼전도 눈밭에서 왕(16대 인조)이 청태종에게 무릎을 꿇고, 세 번 절하고 머리를 땅바닥에 아홉 번 찍으면서 용서를 빌며 군신관계를 맺어야했습니다. 이른바 삼배구고두례三拜九敲頭禮입니다.

당쟁의 희생자, 광해군 _

광해군은 병화로 소실된 서적의 간행에도 노력했습니다. 《신증동국여지승람》·《용비어천가》·《동국신속삼강행실》 등을 다시 간행하고, 《국조보감》·《선조실록》을 편찬했으며, 적상산성에 사고를 설치했습니다. 허균의 〈홍길동전〉, 허준의 《동의보감》 등의 저술도 이때 나왔습니다.

광해군은 세자로 있을 무렵부터 폐위될 때까지 성실하고 과단성 있게 정사를 처리했지만, 주위를 에워싸고 있던 대북파의 장막에 의해 판단이 흐려졌습니다. 또한 인재 기용에도 파당성이 두드러져 반대파의 질시와 보복심을 자극했습니다.

뒷날 인조반정을 정당화하기 위한 책략과 명분에 의해 패륜 군주로 규정되었지만, 실은 당쟁의 소용돌이 속에서 희생되었다고 보아야 할 것입니다. 때문에 같은 반정에 의해 쫓겨난 연산군과는 평가를 달리해야 합니다.

반정으로 폐위된 광해군은 18년간 유배생활을 했습니다 _

폐위 후 광해군과 폐비 유씨, 폐세자 질과 폐세자빈 박씨 등 4명이 강화도에 위리 안치되었습니다. 두 달 후 폐세자는 사약을 받고 세자빈은 자살했습니다. 폐비 유씨도 유배생활 1년7개월만에 화병으로 죽었습니다. 홀로 남은 광해군은 제주도로 유배지가 옮겨졌습니다. 청나라에 굴복한 인조가 광해군의 복위 움직임이 있을까 두려워서 내린 조치입니다.

유배지에서 그의 삶은 초연했습니다. 자신을 감시하는 별장이 안방을 차지하고 자신은 아랫방에 거처케 해도 분노하지 않았습니다. 심부름하는 종마저 '영감'이라고 호칭해도 묵묵히 감수했습니다. 버리기, 비우기를 실천한 여생이었습니다. 그는 1641년, 귀양생활 18년 만에 생을 마감했습니다. 죽기 전에 그는 자신을 어머니 공빈 김씨의 묘 발치에 묻어달라고 했습니다. 조정은 유언에 따라 남양주에 있는 공빈 김씨 묘 아래쪽에 묻었습니다. 박씨 집안으로 출가한 서녀의 자손들로 하여금 무덤을 돌보게 했습니다.

사적으로 등록되어 있으나 돌보는 공익요원 한 명 없는 외로운 묘입니다.

🌑 광해군묘

15대 임금이자 두 번째로 폐위된 임금인 광해군(1575~1641)과 문성군부인(1598~1623) 유씨의 묘로, 경기도 남양주시 진건읍 송릉리 산 59에 있다.

IIIII 사적 제363호
IIIII 면적 5만6,100㎡(1만7,000평)

퀴즈

📄 광해군 때 나온 최초의 국문소설은?

답) 허균의 〈홍길동전〉

토론해봅시다

◇ 광해군의 실리주의 외교에 대해 토론해봅시다.

179

반정은 짧고 굴욕은 길다

반정으로 왕위에 오른 인조는 대가를 혹독하게 치릅니다 _

5,000년 한국 역사에서 최대 굴욕이 병자호란입니다. 임진왜란은 세계 해전사에 빛나는 승리한 전쟁입니다. 그러나 병자호란은 짧은 순간에 나라가 박살난 수난입니다.

　인조정권은 후금의 존재를 인정하는 외교정책을 비판하고 친명배금정책을 펼쳤습니다. 이무렵 청나라는 수도를 선양(심양)으로 옮기고 조선과 형제관계를 맺자고 요구했습니다. 이에 응하지 않자, 청은 1627년 군사 3만 명을 이끌고 조선을 침략했습니다. 정묘호란입니다. 의주를 거쳐 평산까지 함락되자 조정은 화들짝 놀라 강화도로 천도했습니다. 최명길의 강화 주장을 받아들여 형제관계를 약속하는 정묘화약을 맺었습니다.

오랑캐와 형제관계를 맺다니? _

인조와 당시 집권세력은 힘도 없으면서 분노만 하늘을 찔렀습니다. 그래서 다시 악수惡手를 둡니다. 1635년 인조비 인열왕후가 승하하자 능을 한양 북쪽에 조성했습니다. 오늘날 파주시 운천리, 임진강 남쪽입니다. 병자호란의 불씨가 여기에 있습니다.

국장 발인 행렬의 모습과 출병하는 군대 행렬은 광경이 비슷합니다. 깃발을 펄럭이며 기마병과 군사들이 대열을 이루어 행진합니다. 인열왕후 발인 때 6,770명의 대규모 인원이 통일로를 따라 북진했으니, 이는 북침하는 출정군과 흡사하게 보였습니다. 첩보를 입수한 청나라의 심기가 편할 리 없지요.

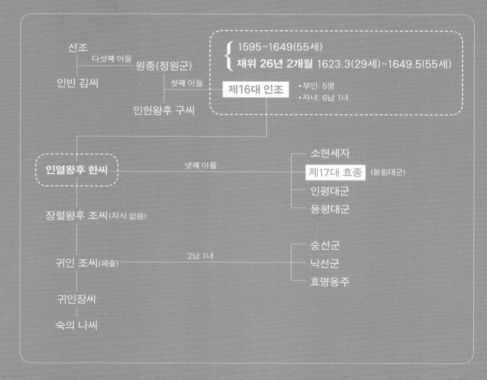

제16대 인조 가계도

선조 — 다섯째 아들 → 원종(정원군)
인빈 김씨

원종(정원군) — 첫째 아들 → 제16대 인조
인헌왕후 구씨

{ 1595~1649(55세)
재위 26년 2개월 1623.3(29세)~1649.5(55세)

제16대 인조 · 부인: 5명
· 자녀: 6남 1녀

인열왕후 한씨 — 넷째 아들 ─ 소현세자
제17대 효종 (봉림대군)
인평대군
용평대군

장렬왕후 조씨(자식 없음)

귀인 조씨(폐출) — 2남 1녀 ─ 숭선군
낙선군
효명옹주

귀인장씨

숙의 나씨

민심의 읽지 못한 것도 굴욕의 원인입니다 _

이 일대가 능으로 택지되자 756기에 달하는 백성들의 묘는 강제 이장 당했습니다. 이중 무연고 묘가 667기이고 연고 있는 묘가 89기라고 하나 무연고 묘는 대부분 이장할 비용이 없는 백성들의 선조묘였습니다. 당시 운천리에선 '왕비를 묻는데 수백기의 백성들 무덤을 파헤쳐야 하느냐'는 원망의 소리가 컸습니다. 임진왜란의 상처가 아직 아물지도 않았는데 민심을 돌보지 않았습니다.

우리 역사상 최대 치욕, 병자호란 _

1636년 12월, 후금은 국호를 청으로 바꾸고 형제관계를 군신관계로 바꾸자고 요구했습니다. 조선은 이를 거부했습니다.

인조 14년(1636년) 12월 1일, 차가운 겨울날, 청나라는 청군 7만, 몽골군 3만, 한족군 2만 등 총 12만의 대군이 조선을 공격했습니다. 심양을 떠난 대부대는 12월 8일 압록강을 건넜습니다. 이어서 엿

남한산성과 수어장대

새 만에 개성에 도착했습니다. 엄청난 진격 속도입니다. 인조는 강화도로 도망치려고 했으나 청군의 빠른 진격 때문에 겨우 남한산성으로 달아났습니다.

12월 15일, 한양이 함락되었습니다 _

임진왜란 때보다 훨씬 빠르게 도성이 함락되었습니다. 임금을 구하기 위해 병사들이 저항했지만 청군과 만나 연전연패했습니다. 1월 22일에 강화도가 함락되었습니다.

　조정에서는 끝까지 싸울 것인가, 항복할 것인가를 놓고 논쟁을 벌였습니다. 김상헌·정온을 중심으로 한 척화파와 최명길 등의 주화파 간의 치열한 논쟁이 전개되었습니다. 결국, 주화파의 뜻에 따라 45일만에 항복하기로 결정했습니다.

삼전도의 굴욕 _

1637년(인조 15) 1월 30일, 인조는 삼전도三田渡 지금의 잠실역 근처로 나아가 청 태종 홍타이지에게 항복했습니다. 눈발이 펄펄 날리는 삼전도 눈밭에서 인조는 항복의식을 행하고 군신관계의 예를 맺었습니다. 항복의식, 지금 생각해도 살이 벌벌 떨리는 치욕입니다. 청태종은 높은 단상 위에 앉아 있고 우리 임금은 단상 아래 돗자리를 깔고, 청태종에게 무릎을 꿇고, 세 번 절하고 머리를 땅바닥에 아홉 번 찧으면서 용서를 빌어야했습니다. 이른바 삼배구고두례三拜九敲頭禮입니다.

　이와 함께 소현세자·봉림대군과 척화론자인 삼학사(홍익한·윤집·오달제)를 인질로 청나라 심양에 보내야했습니다. 삼학사는 결국 심양에서 처형되었습니다.

삼전도비(현 위치로 옮기기 이전의 모습)

석촌호수가에 있는 삼전도비, 눈여겨 보세요 _

남한산성과 함께 잊지 말아야할 역사 유물이 삼전도비입니다. 높이 3.95m. 너비 1.4m. 무게 32t. 대리석으로 된 비석입니다.

청태종은 항복의식을 행한 삼전도에 자신의 공덕을 새긴 기념비를 세우라고 요구했습니다. 당대의 문장가 장유가 지은 글을 청에 보냈으나 내용이 미흡하다고 거부했습니다. 이조판서 이경석이 다시 쓴 글이 받아들여져 이를 비석에 새기도록 했습니다. 이경석은 그 후 영의정까지 지냈지만 평생 동안 문자 배운 것을 한탄했습니다.

공조에서 삼전도에 단을 높게 축조한 다음 비석을 세웠습니다. 글씨는 서예가로 명성을 날린, '이충무공순신비'의 비문을 썼던 오준이 썼는데 그 또한 평생 그 한을 안고 살다 죽었습니다.

인조의 굴욕적인 항복장소였던 삼전도에 1639년 12월 8일에 민족 최대 치욕의 상징인 〈대청황제공덕비大淸皇帝功德碑〉가 세워졌습니다. 비문의 내용은 청나라가 조선에 출병한 이유, 조선이 항복한 사실, 항복한 뒤 청태종이 피해를 끼치지 않고 돌아간 사실 등입니다.

비의 앞면에는 한문, 뒷면에는 만주문滿洲文·몽골문으로 새겨져 있습니다. 한 개의 비석에 3개 문자가 들어 있는 특이한 비석입니다. 또한 비 머리의 이수, 받침돌의 귀부 조각도 정교하여 조선 후기의 우수한 조각으로 꼽힙니다.

묻었다가 세웠다가 한 비석 _

원래 석촌호수 주변에 세워졌으나, 치욕적인 의미 때문에 청일전쟁 때 땅에 묻어 버렸습니다. 1895년(고종 32)에 다시 세워지고, 1956년 국치의 기록이라 해서 다시 땅 속에 묻었습니다.

1963년 홍수로 비석의 모습이 드러나자 사적 제101호로 지정되었습니다. 1983년 석촌동 아름어린이공원 내에 세워졌다가, 원 위치와 가장 가까운 곳에 세워야 한다는 중론에 따라 2010년 3월, 현재의 자리인 석촌호수 서호 주변에 옮겨 세웠습니다.

인조가 누워 있는 장릉은 외진 곳입니다. 그의 인생 역정을 대변하듯 외롭고 쓸쓸합니다. 동조 세력과 함께 혈기 왕성하게 반정을 일으켰으나 재위 내내 불우했습니다.

정묘년, 병자년의 전란을 호란(오랑캐의 난)이라고 기록했지만 참담한 굴욕의 역사입니다.

장릉 長陵

16대 인조(1595~1649)와 원비 인열왕후(1594~1635) 한씨의 합장릉으로, 경기도 파주시 갈현리 산 25-1에 있다.

인조는 1623년 인조반정으로 광해군을 몰아내고 왕위에 올랐다. 재위 중 이괄의 난, 정묘호란, 병자호란으로 세 차례나 서울을 떠나 다른 곳으로 몸을 피했다.

인열왕후는 소현세자, 봉림대군(17대 효종), 인평대군을 낳았고 막내인 용평대군을 낳은 후 산후병으로 승하했다. 인조는 왕후를 파주

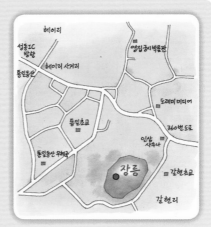

||||| 사적 제203호
||||| 면적 34만5,186㎡ (10만4,602평)

부 북쪽 운천리에 장사지내고 그 오른쪽에 미리 자신의 수릉壽陵을 마련해 두었다가 승하 후 그곳에 묻혔다. 능 주변과 석물에 뱀, 전갈, 벌레 등이 집을 지어 불길하다 여겨 1731년(영조7)에 현재 위치로 옮겼다.

처음의 능은 건원릉의 석물제도를 본떠 십이지신상과 구름무늬를 보조한 병풍석, 장명등, 석수 등을 상설했는데 천장하면서 병풍석과 혼유석, 난간석, 장명등은 새로 만들고, 다른 석물은 그대로 옮겨왔다. 장릉은 17세기와 18세기 석물이 공존한다.

퀴즈

📃 병자호란 당시 항복(화의)을 주장한 세력, 끝까지 싸우자고 한 세력을 각각 무엇이라고 부르는가?

답) 주화파, 척화파

토론해봅시다

💬 병자호란의 발발, 전개, 결말에 대해 토론해봅시다.

효종, 북벌의 영웅인가요?
순진한 몽상가인가요?

8년 동안 인질생활을 하고 고국에 돌아오다 _

소현세자와 봉림대군(효종), 이들 형제에 대한 역사적 평가는 극명하게 갈립니다. 1637년 청나라는 병자호란을 종결짓고 돌아가면서 소현세자, 봉림대군, 인평대군 등 인조의 세 아들을 볼모로 잡아갔습니다. 셋째 인평대군은 이듬해 돌아왔으나 소현세자와 봉림대군은 8년 뒤 1645년에야 돌아올 수 있었습니다.

인질 생활을 하는 동안 그들의 가치관은 판이하게 형성되었습니다. 소현세자는 국력이 막강해지는 청나라를 현실의 눈으로 보고 세계가 달라지고 있다는 것을 인식했습니다. 봉림대군은 아버지 인조와 자신에게 굴욕을 안겨준 청에 대해 증오를 키웠습니다.

귀국해서 소현세자는 청나라에서 배운 서양문물과 실리 외교를 주장했습니다. 봉림대군은 대명 사대주의에 더욱 집착하여 반청사상을 고조시켰습니다. 귀국한 지 두 달 후, 소현세자는 갑자기 병이 나서 3일 만에 의문의 죽음을 맞았습니다. 이때 그의 온몸이 새까맣게 변해 있었고, 뱃속에서 피가 쏟아졌습니다. 아버지 인조에 의해 독살되었다고 추측합니다.

청나라를 치겠다는 야심찬 북벌계획 _

세자의 죽음으로 봉림대군이 왕위를 이으니 효종입니다. 반청감정에서 비롯된 효종의 북벌계획은 다양한 화두를 던집니다. 치열한 민족정신의 발로, 한 여름밤의 꿈, 허공을 향한 몽상가의 딸꾹질 등으로 규정해 봅니다.

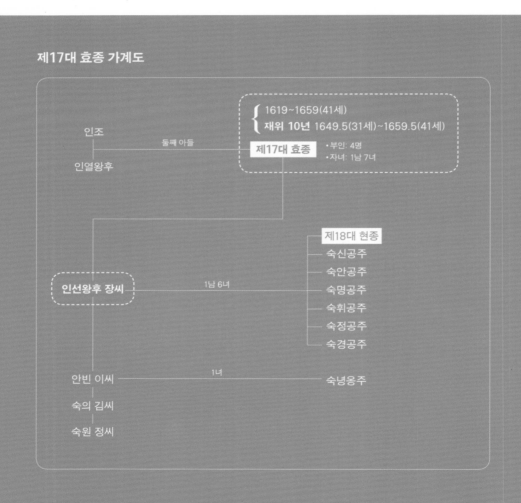

제17대 효종 가계도

인조
인열왕후

둘째 아들

{ 1619~1659(41세)
재위 10년 1649.5(31세)~1659.5(41세)

제17대 효종
· 부인: 4명
· 자녀: 1남 7녀

인선왕후 장씨

1남 6녀

- 제18대 현종
- 숙신공주
- 숙안공주
- 숙명공주
- 숙휘공주
- 숙정공주
- 숙경공주

안빈 이씨

1녀

숙녕옹주

숙의 김씨

숙원 정씨

'어영부영'이란 말이 있습니다. 하는 일 없이 세월만 보내는 행위를 뜻합니다. 조직이나 사회에서 가장 못마땅한 행태입니다. 어영은 어영청御營廳에서 유래되었습니다. 어영청은 조선시대 삼군 중 하나로 최정예 야전군입니다. 그런데 어영청의 군기와 훈련 상태에서 어영부영御營不營이 유래되었다니 아이러니합니다. 연유는 이렇습니다.

효종은 즉위하자마자 청나라를 치려는 북벌을 지상목표로 삼았습니다. 삼전도의 굴욕, 8년간 심양에서 보낸 인질생활을 생각하면 살이 떨렸습니다. 인질로 잡혀갈 때의 심정을 이렇게 읊었습니다.

청석령 지났느냐 초하구草河溝는 어드매냐

호풍胡風도 차도 찰샤 궂은 비는 무슨일고

뉘라서 내 행색 그려 내야 님 계신 데 드릴고.

함께 끌려가 6년간 고초를 겪은 김상헌이 읊은 시조도 귀에 쟁쟁합니다.

가노라 삼각산아 다시 보자 한강수야

고국산천을 떠나고자 하랴마는

시절이 하 수상하니 올동말동하여라.

청나라를 치겠다는 효종의 북벌계획은 10년을 준비 기간으로 삼았습니다. 인질시절에 전투정보, 지리정보를 확보했습니다. 군사력만 확보하면 된다는 계산이었습니다. 보안유지가 첫째, 다음은 김자점 등 친청파 숙청입니다. 10년 동안 3만 명의 정예 북벌군을 양성해서 명나라와 연합군을 형성하면 승산이 있다고 판단

영릉 전경

했습니다.

북벌계획은 계획으로만 끝났습니다 _

명과 대치하던 청의 세력이 들불처럼 커지고, 조선의 내부 문제는 말이 아니었습니다. 어영청 상위직급은 양반 자제들이 차지했습니다. 실무보다는 형식을 따졌습니다. 싸움은 아랫것들이 하는 것이라며 종을 대신 내보내고 그들은 주색잡기를 즐겼습니다. 병졸들도 그런 분위기에 편승했습니다. 정예군은 고사하고 오합지졸이었습니다. 효종의 3만 정예군 양성 목표는 고작 5,600여명의 어중이떠중이 부대로 만족해야했습니다.

양반 자제에게도 군역을 부과하라는 뜻 있는 신하의 주청을 받아들여 이를 실행하려 했습니다. 실태를 조사할 암행어사를 파견한 지 한 달 만에 효종이 갑자기 승하했습니다. 북벌계획도 자동적으로 마침표를 찍었습니다. 여기에도 독살설이 대두됩니다.

북벌계획에 대해 사림의 동의를 얻기 위해 효종이 사림의 영수 이조판서 송시열과 독대한 지 두 달 만에 41세 창창한 나이에 승하했습니다. 물증은 없고 심증만 회자됩니다. 신가귀라는 어의가 효종의 얼굴에 난 종기에 침을 놓은 직후 피를 쏟으며 죽었다는 것입니다. 시신이 퉁퉁 부어 있었으며 관이 맞지 않아 널빤지를 덧대어 왕의 시신을 관에 넣었다고 합니다.

신혼시절 8년 동안 청나라에서 인질생활을 한 여인 _

효종릉 아래 묻힌 인선왕후는 우의정 장유의 딸입니다. 13세 때 한 살 어린 봉림대군과 가례를 올려 풍안부부인에 봉해졌습니다. 1637년 조선이 병자호란에서 패하자 남편과 함께 볼모로 잡혀가 8년 동안 심양에서 보냈습니다. 소현세자가 죽고 봉림대군이 세자에 책봉되자 세자빈이 되었으나, 책봉이 제때 이루어지지 않아 사저에서 아이를 낳았습니다. 효종이 즉위하자 왕비가 되었습니다. 1659년 효종이 죽은 후 효숙대비의 존호를 받았고, 57세로 승하했습니다.

영릉의 금천교, 정자각

효종은 죽은 후에도 편히 잠들지 못했습니다 _

처음 묻힌 곳은 동구릉 능역 안 원릉(영조왕릉)터입니다. 송시열 등 서인들의 주장
에 의해서입니다. 15년 후 남인들이 반격에 나섰습니다. 터가 불길하고 석물에 틈
이 생겨 빗물이 스며들 염려가 있다고 주장했습니다. 하여 1673년(현종14) 여주의
영릉 곁으로 옮겼습니다.

　왕릉이 천장되면 처음 능지를 택한 관련자들은 책임을 져야합니다. 서인들이 줄
줄이 면직되었습니다. 죽은 자를 위해 더 좋은 명당을 찾는 행위가 아니라 반대파
를 욕보이기 위한 천장(무덤을 옮김)이었습니다. 왕들은 살아서나 죽어서나 괴롭습니
다. 그래도 권력을 향해 온몸을 던지는 이들이 많지요. 권력은 마력과 매력, 괴력
을 동시에 지녔습니다.

　결혼은 해도 후회하고 안 해도 후회합니다. 권력도 그와 같습니다. 탐해서 얻어
도 후회되고 얻지 못해 변방을 떠도는 외로운 섬이 되면 분합니다. 깨달음을 위해
자신과의 싸움에 진력하는 것이 가장 보람된 삶이라고 부처는 가르쳤지만, 세속 도
시의 즐거움은 거기에 있지 않으니 괴롭고 괴롭습니다.

🌄 영릉寧陵

17대 효종(1619~1659)과 인선왕후(1618~1674) 장씨의 쌍릉으로, 4대 세종의 영릉英陵과 700미터 떨어진 곳에 있다. 경기도 여주시 능서면 왕대리 산 83-1에 있다.

원래 효종의 능은 1659년 10월 29일 건원릉 서쪽 산줄기(원릉 자리 근처)에 병풍석을 갖춘 왕릉으로 조성되었다.

그 다음 해에 인선왕후가 죽자 정혈에 묻는다는 풍수 이유로 왕릉 앞에 인선왕후의 능을 써서 앞뒤로 나란한 쌍릉을 이루었다. 동원상하봉이라는 특이한 모습이다. 위에 있는 효종의 능에는 곡장을 둘렀으나 인선왕후의 능에는 두르지 않았다. 이는 부부가 같은 방을 쓴다는 의미다.

합장릉의 경우에도 남편 석실과 아내 석실 사이에 구멍을 내어 서로 통하게 해준다. 혼령들이 들락날락하면서 부부회포를 풀라는 의미다. 세종의 영릉과 함께 영녕릉으로 불린다.

|||| 사적 제195호
|||| 면적 215만9,262㎡ (65만4,322평)

퀴즈

📃 효종 때 표류해 온 네덜란드 사람으로 훈련도감에 근무하며 조총, 화포 등 신무기 개발에 기여한 인물은?

답) 하멜

토론해봅시다

◇ 소현세자와 봉림대군(효종)의 세계관에 대해 토론해봅시다.

치적 쌓을 틈도 없이 예송논쟁에 시달린
왕 노릇 15년

조선 왕 중 유일하게 남의 나라에서 태어난 왕 _

그 흔한 후궁 하나 두지 못하고 정비 1명뿐인 왕이 18대 현종입니다. 현종은 아버지 봉림대군이 어머니 풍안부부인과 함께 청나라에 볼모로 가 있던 시절에 심양관에서 태어났습니다. 출생부터 파란만장합니다.

다섯 살 연(현종의 이름)이 부모를 따라 귀국한 것은 1645년(인조23)이었습니다. 소현세자가 갑자기 죽자 봉림대군이 세자에 책봉되고 연은 왕세손에 책봉되었습니다. 효종이 즉위하자 세자가 되고 1659년 부왕이 승하하자 뒤를 이어 18대 왕으로 등극했습니다. 즉위식은 화려했으나 재위기간 내내 귓전을 두드리는 방망이질에 시달렸습니다.

상복 입는 기간이 뭐길래 _

현종시대는 신하들의 목소리가 대전을 찌렁찌렁 울린 시대였습니다. 왕권을 구석에 밀쳐버리고 신하들의 예송논쟁이 창처럼 치솟아 나라를 흔들었습니다. 효종이 죽자 인조의 계비 자의대비(장렬왕후 조씨)가 몇 년간 상복을 입어야하는가 하는 것이 논쟁의 중심이 되어 국력을 오로지 거기에 쏟았습니다. 서인의 송시열, 송준길은 효종이 차남이므로 당연히 기년상(1년상)이어야 한다고 주장했습니다. 남인의 허목과 윤휴는 효종이 비록 차남이지만 왕위를 계승했으므로 장남과 다름없기에 3년상이어야 한다고 주장했습니다. 결과는 기년상을 주장한 서인의 승리였습니다.

서인과 남인의 1승1패 _

1673년 효종비 인선왕후가 승하하자 복상문제가 다시 쟁점이 되었습니다. 이번에도 서인측은 효종이 차남이란 점을 강조하여 대공설(9개월)을 내세웠고, 남인측은 인선왕후가 둘째 며느리이긴 하지만 중전을 지냈으므로 큰며느리나 다름없다고 기

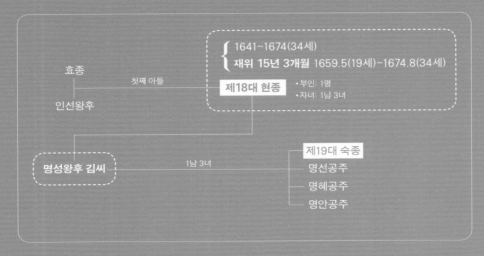

제18대 현종 가계도

효종
인선왕후 — 첫째 아들 — **제18대 현종**
{ 1641~1674(34세)
재위 15년 3개월 1659.5(19세)~1674.8(34세)
· 부인: 1명
· 자녀: 1남 3녀

명성왕후 김씨 — 1남 3녀 —
제19대 숙종
명선공주
명혜공주
명안공주

년설(1년)을 내세웠습니다. 현종은 장인 김우명과 그의 조카 김석주의 의견에 따라 남인측의 기년설을 받아들여 자의대비로 하여금 기년 복상을 하도록 했습니다.

논쟁은 표면적으로 왕실의 장례 문제인 것 같지만 예를 최고의 덕으로 여긴 성리학의 문제입니다. 더 깊은 속내는 율곡학파인 서인과 퇴계학파인 남인 간의 주도권 싸움입니다. 또한 효종의 왕위 계승에 대한 정당성을 묻는 문제입니다. 신하들의 입김이 그만큼 셌던 것입니다.

왕비의 목소리가 대궐에 찌렁찌렁 _

현종조는 신하들 목소리 못지않게 또 다른 목소리가 있었습니다. 중전의 목소리가 당파를 형성한 신하들과 합세했습니다. 현종비 명성왕후 김씨는 지능이 비상하고 성격이 과격했습니다. 거친 행동도 서슴지 않았습니다.

명성왕후의 아버지 김우명은 학문에 관심이 없는 위인이었습니다. 진사시만 치고 강릉康陵, 명종 왕릉 능참봉을 거쳐 종9품인 세마洗馬직(동궁을 모시고 경호하는 직책)이었는데 현종 즉위로 딸이 중전이 되니 하루아침에 청풍부원군에 봉해져 정1품 대우를 받았습니다. 김우명은 서인이건 남인이건 가리지 않고 뒷거래를 해오면 결탁했습니다. 탐욕스런 인물이었습니다.

명성왕후 역시 그 아버지의 그 딸이었습니다. 궁중 일을 처리할 때 인자한 면모가 없었습니다. 현종은 30대 펄펄한 나이였지만 후궁 하나 들이지 못했습니다. 기록은 없지만 짐작은 갑니다. 현종이 죽고 아들 숙종의 등극 이후에는 조정의 정무에까지 관여하여 서인들 편을 들다가 남인들의 반발을 샀습니다. 숙종의 총애를 받던 장희빈을 내쫓는데 앞장서기도 했습니다. 장희빈의 집안이 남인과 가까웠기 때문입니다.

현종은 죽어서도 편치 못했습니다 _

현종은 남인과 서인의 극단적인 예론정쟁에 시달리다가 1674년 34세의 젊은 나이로 승하했습니다. 명성왕후는 10년 더 살다가 1683년 42세를 일기로 승하했습니다.

왕이 죽으면 곧 실록 편찬 작업에 들어갑니다. 현종실록 편찬 작업은 1675년 5월에 시작되었지만 도중에 정권을 장악했던 서인이 몰락하고 남인이 조정을 장악하자 일시 중단되었습니다. 1677년 왕(19대 숙종)의 독촉이 있자 편찬 작업에 참여하는 인원을 늘리고 묘사유파법(오전 7시에 출근하여 오후 7시에 퇴근하는 법)이란 걸 만들어 급히 진행하여 3개월 만에 초고를 완성했습니다. 초고를 바탕으로 4개월 뒤에 인쇄를 완료했습니다. 논쟁은 여기서 끝나지 않았습니다.

숭릉 정자각

두 번이나 편찬한 《현종실록》 _

1680년 경신대출척으로 남인이 대거 숙청당하고 서인이 조정을 장악하자, 앞서 편찬된 《현종실록》은 왕의 독촉으로 불과 3개월 만에 급하게 만들어졌기 때문에 오류가 많고 미흡한 구석이 많다고 주장했습니다. 숙종은 이러한 건의를 받아들여 실록개수청을 설치하고 개수작업을 시켰습니다. 그래서 3년만인 1683년 《개수 현종실록》이 완성되었습니다. 현종은 참으로 어지러운 인생을 살았습니다.

숭릉은 동구릉 능역 중 가장 왼쪽 호젓한 곳에 있습니다. 살아생전 온갖 논쟁에 휘둘려 편한 시간 갖지 못했으니 죽어서는 조용히 지내시라는 배려일까요. 왕이 대신들의 입김에 질질 끌려 다녔으니, 안타까운 군주였습니다.

조선왕릉 중 유일하게 정자각에 팔작지붕 _

숭릉은 조선왕릉 중 유일하게 정자각에 팔작지붕을 얹었습니다. 사대모화, 성리학이 절정을 이루던 시대이니 전래의 맞배지붕 정자각이 아닌 중국 양식을 흉내 낸 것입니다. 우리 고유의 정자각은 지붕 양쪽 옆면을 단정하게 정돈한 맞배지붕 형식입니다. 검약, 검소, 단아함이 느껴지는 모습이지요. 그러나 숭릉의 정자각은 지붕이 불거져 나온 팔작지붕입니다. 맞배지붕 양 옆으로 지붕을 덧달아 놓아 하늘 위에서 보면 여덟 팔八자 모양이어서 팔작지붕, 팔각지붕이라 부릅니다. 거기다가 정자각엔 익랑(문의 좌우에 잇대어 지은 행랑)에 기둥이 하나 더 붙어 있습니다.

능호인 숭崇자는 모화숭배자들이 작명한 것 같군요.

🔘 숭릉崇陵

18대 현종(1641~1674)과 원비 명성왕후(1642~1683) 김씨의 쌍릉으로, 동구릉(p.24 참조) 능역 안 가장 왼쪽 언덕에 있다.

왕과 왕비릉 모두 병풍석 없이 난간석만으로 연결되었고 능침 앞에 혼유석이 각각 놓여 있다.

퀴즈

📋 예송논쟁을 주도한 남인과 서인의 대표적 인물은?

답) 남인 : 윤선도 서인 : 송시열

토론해봅시다

♡ 예송논쟁은 겉으로는 상복을 입는 기간의 문제지만 속내는 다르다. 그것에 대해 **토론해봅시다.**

여인천하 경연장의
외로운 삐에로, 숙종

조선왕조 518년, 숙종 부자父子가 재위한 기간이 조선 역사의 5분의 1 _

숙종 본인 45년10개월, 희빈 장씨 소생 아들 경종 4년2개월, 숙빈 최씨 소생 아들 영조 51년7개월, 도합 101년7개월입니다. 재위 기간이 길다보니 사연도 많습니다.

왕들에게는 이름이 많습니다 _

아버지가 지어주는 이름, 승하하면 행적을 기려 바치는 시호(묘호), 무덤의 이름인 능호 등입니다. 능호는 모두 외글자이나 태조의 능인 건원릉(건健: 하늘의 도, 원元: 나라와 도읍을 처음 세웠다는 뜻)만이 두 글자입니다. 사도思悼는 영조가 세자를 서인으로 폐하여 죽이고 후회되어 슬프고 애처롭게 생각난다고 지은 시호입니다. 영조는 역대 왕 중 가장 오래 장수했고 재위기간도 으뜸이라 능호를 원릉元陵 동구릉 소재이라 했습니다.

숙종肅宗=엄숙하고 정중하며 덕망을 갖춘 왕이란 뜻이고, 명릉明陵=밝고 깨끗한 능이란 뜻입니다. 숙종의 이름은 순焞입니다. 외글자 이름을 쓴 것은 세종부터입

제19대 숙종 가계도

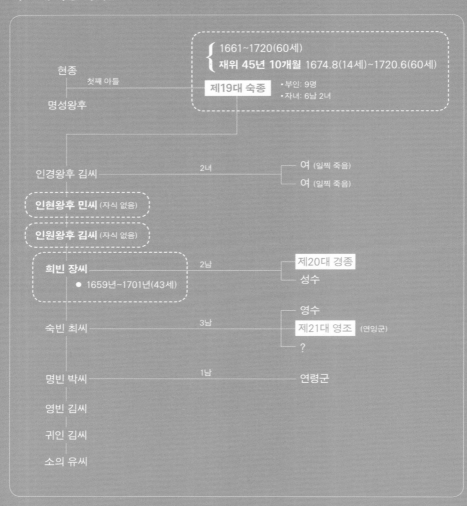

현종 ──── 첫째 아들

명성왕후

제19대 숙종

{ 1661~1720(60세)
{ 재위 45년 10개월 1674.8(14세)~1720.6(60세)

• 부인: 9명
• 자녀: 6남 2녀

인경왕후 김씨 ──── 2녀 ── 여 (일찍 죽음)
└ 여 (일찍 죽음)

인현왕후 민씨 (자식 없음)

인원왕후 김씨 (자식 없음)

희빈 장씨 ──── 2남 ── 제20대 경종
• 1659년~1701년(43세) └ 성수

숙빈 최씨 ──── 3남 ── 영수
제21대 영조 (연잉군)
└ ?

명빈 박씨 ──── 1남 ── 연령군

영빈 김씨

귀인 김씨

소의 유씨

니다. 세종의 이름은 도裪입니다. 외자 이름이 아닌 왕은, 단종(홍위), 철종(원범), 고종(명복) 등입니다. 이성계나 이방원은 왕이 되기 이전에 이미 이름이 있었습니다. 숙종은 현종의 외아들이며, 어머니는 청풍부원군 김우명의 딸인 명성왕후입니다. 비妃는 영돈녕부사 김만기의 딸인 인경왕후이고, 계비는 영돈녕부사 민유중의 딸인 인현왕후, 제2계비는 경은부원군 김주신의 딸인 인원왕후입니다. 희빈 장씨, 숙빈 최씨(21대 영조의 어머니)도 역할이 만만찮았던 숙종의 여인들입니다.

명릉에 들어서면 능의 배치가 이상합니다 _

정자각에서 바라보면, 왼쪽 위 외따로 능이 하나 있고 오른쪽 아래 정자각과 균형이 맞는 위치에 쌍릉이 있습니다. 왼쪽부터 제2계비 인원왕후, 숙종, 제1계비 인현왕후의 능입니다. 이들을 통틀어 명릉이라 하는데, 법도에 맞지 않습니다. 동원이강 양식으로 본다면, 서열이 가장 낮은 제2계비가 상석이고 왕과 제1계비가 말석입니다. 유교 풍수 국가인 조선에서 상상할 수 없는 일입니다. 숙종 왕릉은 쌍릉에 해당되며 왼쪽에 있는 제2계비 인원왕후의 능은 단릉 양식입니다. 정자각도 없는 능입니다. 사연은 이렇습니다.

정승집 개가 죽으면 문상객이 와글와글해도 정승이 죽으면 상가가 적막한 것이 세상인심입니다. 희빈 장씨와 격투를 벌여 중전과 폐서인의 자리를 함께 오간 인현왕후는 1701년 소생 없이 35세를 일기로 승하했습니다. 남편 숙종이 펄펄하게 살아 있던 시절입니다. 장희빈에게 농락당한 후회로 왕은 성대히 장례를 치르고 후일 자신도 곁에 묻혔습니다.

제2계비 인원왕후의 무덤이 외따로 초라한 것은 그녀의 소생이 없기 때문입니다. 그리고 그녀는 너무 오래 살았습니다. 왕보다 먼저 죽었다면 이상한 곳에 배치하지 않았을 것입니다. 숙종이 승하하자 청상과부가 된 인원왕후는 34세에 왕대비(경종 재위시)에 올랐고 38세 때(영조 재위시)는 자동적으로 대왕대비가 되었습니다. 손자뻘인 영조보다 일곱 살 연상이었습니다. 그들간에 갈등이 있었다는 기록은 없으나 자연스럽지 않은 모습입니다.

가장 저렴한 왕릉 공사 _

대왕대비 인원왕후는 영조 33년(1757) 3월26일 71세로 승하했습니다. 죽을 자리, 죽을 시기를 잘 찾는 것도 복입니다. 인원왕후는 그런 복이 없었습니다. 이보다 40일 전, 영조 33년(1757) 2월15일, 영조의 원비 정성왕후가 66세로 승하했습니다. 정성왕후의 국장이 진행됐습니다. 서오릉 내에 택지된 홍릉의 산릉공사가 한창 진행되고 있었습니다. 홍릉은 영조가 자신의 수릉을 겸한 곳이기에 국가적 대역사입니다.

그런데, 며느리의 국상 중에 할머니가 덜컥 죽은 것입니다. 국장을 치르는 데는 막대한 비용과 인력이 들어갑니다. 인원왕후는 영조의 피가 섞이지 않은 계모에 불과합니다.

영조는 대왕대비의 유택을 위해 경비와 인력을 들일 여력도, 의지도 없었습니다. 경비도 아끼고 정자각 건립비용도 생략했습니다. 명릉 능역 한 모퉁이를 살짝 오려내어 대왕대비를 안장했습니다. 가장 저렴한 왕릉 공사였습니다. 그래서 인원왕후의 능은 능호도 없고 정자각도 없습니다.

숙종시대는 왕의 치적보다 여인들의 쟁투가 관심을 더 끌고 있습니다 _

장희빈과 인현왕후의 먹고 먹히는 싸움의 가운데 숙종이 있습니다. 국회의원 선거

인원왕후 능에서 멀리 보이는 명릉

에서 같은 인물들끼리 수차례 출마해서, 1승1패니 2승 1패니 하는 통계를 만들어 호기심을 자극합니다. 그러나 왕의 여인들은 모 아니면 도, 중전이 되거나 아니면 폐서인이 됩니다. 운이 나쁘면 사약을 받아야 합니다.

  숙종은 재위기간이 긴만큼 치적이 많습니다. 왕권안정을 위해 진력했고 백성들을 위해 대동법을 실시했습니다. 대흥산성, 황룡산성 등 변경에 성을 쌓고 대대적인 도성 수리 공사를 했습니다. 북한산성을 총체적으로 개축하여 남한산성과 함께 서울 수비를 견고하게 했습니다. 성삼문 등 사육신을 복권시키고, 노산군을 복위시켜 묘호를 단종으로 올렸습니다.

굵직한 치적에도 불구하고 숙종에겐, _

'여인에 대한 애증의 편향이 심했다'는 꼬리표가 붙어 있습니다. 왕의 여인들에게
자식은 보물이자 권력 보험입니다. 원비 인경왕후 김씨는 20세에 후사 없이 죽었
습니다. 권력다툼에 끼어들 틈이 없었습니다. 계비 인현왕후도 자식이 없었습니다.
예의가 바르고 덕이 높아 국모로서 백성들의 존경을 받았으나 후사를 잇지 못하
니 주변의 눈총이 따갑습니다. 책임을 다하지 못한 패장 꼴입니다. 이 때, 소의였
던 희빈 장씨가 왕자 균을 출산했습니다. 애정의 물꼬가 장씨에게로 쏠리고 있던
차에 경사가 났습니다.

　균은 태어난 지 두 달 만에 원자로 정해졌습니다. 대통을 잇게 하겠다는 선포입
니다. 노론의 영수 송시열은 중전인 인현왕후가 아직 젊고 얼마든지 회임할 수 있
기 때문에 후궁의 아들을 원자로 삼는 것은 시기상조라고 주장했습니다. 송시열은
화약을 안고 불에 뛰어든 셈입니다.

장씨에게 흠뻑 빠져 있던 숙종은, _

그녀를 빈으로 승격시키고 노론계 정치인들을 대거 유배 보냈습니다. 상소를 올렸
던 노론의 거두 송시열에게는 사약을 내렸습니다. 이 사건과 관련지어 중전 민씨(인
현왕후)를 폐위시키고 희빈 장씨가 중전이 되었습니다. 이를 기사환국이라 합니다. 1
라운드는 장희빈의 판정승입니다. 2라운드는 희빈 장씨가 묻혀 있는 대빈묘(서오릉
능역 안)에 가서 살펴봅니다.

숙종은 죽어서도 여인들 틈바구니에 있습니다 _

원비 인경왕후의 익릉, 장희빈의 대빈묘 그리고 명릉의 인현왕후, 인원왕후, 모두 서오릉 영역 안에 있습니다. 오손도손 정분을 나누었던 여인들이 아니라 죽고 죽이는 칼날을 겨눈 여인들과 함께 있습니다.

● 명릉明陵

19대 숙종(1661~1720)과 제1계비 인현왕후(1667~1700) 민씨, 제2계비 인원왕후(1687~1757) 김씨의 능으로, 서오릉(p.25 참조) 능역 안에 있다.

숙종과 인현왕후는 쌍릉이고, 인원왕후는 400보 떨어진 왼쪽 위에 있다. 서오릉 능역 안에 있다. 매표소를 들어서면 오른쪽 외따로 떨어져 조성된 것이 명릉이다.

퀴즈

▤ 숙종 시대 실존했던 조선의 3대 도적으로 끝까지 잡히지 않았던 산적 두목은?

답) 장길산

토론해봅시다

♡ 인현왕후와 장희빈의 갈등을 숙종 임금의 입장에서 토론해봅시다.

애욕은 꽃밭에 숨은 독사와 같다

장희빈이 사약을 받는 순간 _

"이노옴! 세자 이노옴! 못난 놈! 내가 너를 어떻게 낳아 키웠는데, 이 에미 하나 지켜주지 못하느냐! 이노오옴!"

"아악!"

소복을 입고 사약상을 앞에 둔 여인이 갑자기 몸을 날립니다. 무협영화에 나오는 동작입니다. 하염없이 눈물을 흘리고 있던 어린 세자가 비명을 지릅니다. 사약을 가져온 금부도사와 장졸들이 미처 손을 쓸 틈 없이 순식간에 일어난 돌발 사태입니다. 가냘픈 여인에게서 어찌 그런 괴력이 나왔을까. 여인은 세자의 면상을 후려치고 세자의 사타구니를 걷어차는 발길이 무쇠창 같습니다. 이어서 갈퀴처럼 억세게 그의 하초를 잡아당겨 버립니다. 세자는 외마디 비명과 함께 기절해버렸습니다.

어머니 희빈 장씨가 사사될 때 세자 균(후에 20대 경종)은 열네 살이었습니다. 그는 이 사건으로 줄곧 병에 시달렸으며 후사도 얻지 못했습니다. 희빈 장씨가 사약을 받고 죽을 때의 풍경입니다.

인현왕후를 폐위시키고 중전이 된 장씨의 영화는 오래가지 못했습니다 _

장희빈은 남인 세력을 업고 중전이 되었습니다. 서인 세력을 척결한 남인의 기세가 너무 강해졌습니다. 그러자 숙종은 남인을 경계했습니다. 중전이 된 장씨도 예전의 장씨가 아니었습니다. 애교스런 여인이 아니라 권력을 행사하려고 덤볐습니다. 그녀를 향한 숙종의 애정이 바람 빠진 풍선처럼 식었습니다. 그러던 차에 무수리 출신인 숙빈 최씨(21대 영조의 어머니)라는 새 인물이 왕의 가슴을 달구었습니다.

서인과 남인의 끝없는 쟁투 속에 숙종에게 여인의 치마폭은 도피처였을까요. 구관이 명관이라고, 숙종의 마음은 폐비 복위에 기울었습니다. 장씨를 다시 빈으로 강등시키고 폐위되었던 민씨를 왕비에 복위시켰습니다. 역사는 이것을 '갑술옥사'라 합니다. 장씨와 민씨의 1승 1패입니다.

1701년 왕비로 복위된 인현왕후 민씨는 소생 없이 35세에 승하했습니다. 그를 모시던 궁녀가 폐비 시절의 애환에 허구를 가미해서 절절히 기록한 〈인현왕후전〉이란 소설이 전합니다. 몸은 죽었지만 장씨와의 싸움은 아직 끝나지 않았습니다. 물론 이것은 장씨, 민씨 간 개인의 싸움이 아닙니다. 서인과 남인의 대리전에 그녀들이 놓여져 있었습니다.

숙종은 후회를 잘 하는 인물입니다 _

갑술옥사 이후 사약을 내려 죽게 했던 송시열, 김수항 등을 복권시키고 남인을 대거 조정에서 몰아냈습니다. 인현왕후 민씨가 죽자 장희빈이 다시 복위될 위험이 있었습니다. 남인을 조정에서 완전히 몰아내려고 서인은 또 다른 여인을 등장시킵니다. 숙빈 최씨입니다.

희빈 장씨가 자신의 거처인 취선당 서쪽에 신당을 설치하고 민비가 죽기를 몰래 빌었다는 것입니다. 그 저주로 인현왕후가 죽었다고 숙빈 최씨가 고변했습니다. 장씨의 애교 뒤에 숨어있던 영악성을 간파하고 있던 숙종은 크게 노했습니다. 민비가 병중일 때 장씨가 한 번도 문병하지 않았다는 증언도 나왔습니다. 숙종은 이 일에

대빈묘

연루된 희빈 장씨와 그녀의 오빠 장희재, 궁인, 무녀 등을 사사했습니다. 이 사건을
'무고의 옥'이라 합니다. 민씨와 장씨의 성적은 1승2패입니다. 그러나 장씨의 1패는
죽음으로 대신한 KO패입니다.

　　민씨는 병사했고, 같은 해에 장씨는 사사되었습니다.

날개도 없이 추락한 장옥정 _

궁녀에서 출발해 후궁이 되고 드디어 내명부의 수장인 왕비의 자리에까지 오른 장
옥정. 여인으로서 누릴 수 있는 영화의 꼭지점을 향해 돌진한 끝에 결국 추락했습
니다. 날개도 없이 추락했습니다. 그녀의 나이 43세였습니다. 숙종은 그녀에 대한
애정은 삭제하고 증오만 남겼습니다. 사약 받는 장면을 보고받은 숙종은 크게 분개
했습니다. 이후로는 빈이 후비로 승격하는 일을 법으로 금지시켰습니다. 자신 당대

에만 적용된 법에 불과하지만요.

희빈 장씨의 이름은 옥정입니다. 본관은 인동, 역관 장현張炫의 종질녀입니다. 장현은 종1품 벼슬을 받은 역관으로 당대 갑부였으며 남인의 정치자금을 대던 인물입니다. 옥정은 어머니의 정부였던 조사석과 종친인 동평군 항의 주선으로 궁녀로 들어갔습니다. 22세 되던 1680년에 숙종의 눈에 들어 승은을 입었습니다. 궁녀의 팔자는 승은을 입는 순간 신분이 수직 상승됩니다. 행운의 시작이기도 하고 불행의 출발이기도 합니다. 장씨에게는 후자일 터.

여배우들이 가장 연기하고 싶은 인물, 장희빈 _

대빈묘 바로 뒤쪽에 묘한 모양의 소나무와 참나무가 자라고 있습니다. 여근석처럼 생긴, 갈라진 바위틈으로 소나무가 뻗어 있습니다. 호사가들의 입에 오르내리기 좋은 모양새입니다. 장희빈의 기가 너무 세서 나무가 바위를 뚫고 솟았다, 나무를 만지면 양기가 세진다는 등 농담이 회자됩니다.

여배우, 여자 탤런트들이 가장 맡고 싶어 하는 사극 여주인공은 장희빈과 황진이입니다. 인생은 짧고 예술은 깁니다. 장씨의 삶은 예술이었을까요?

🌑 대빈묘大嬪墓

희빈 장씨(1659~1701)의 묘로, 서오릉(p.25 참조) 능역 안에 있다.

장씨는 아들 경종이 왕위에 오르자 왕2년(1722) 옥산부대빈으로 추존되어 대빈묘라는 이름이 붙었다. 경기도 광주시 오포읍 문형리에 있던 것을 1969년 서오릉으로 옮겼다.

서오릉 입구에서 왼쪽 오솔길을 따라 홍릉(영조 원비 정성왕후의 능) 쪽으로 가다보면 있다. 묘인지라 규모가 작아 자칫 스쳐 지나칠 수 있다. 중전의 자리에 있었던 여인이니 잠시 들러 추억하는 것도 나쁘지 않을 듯.

퀴즈

📰 장희빈의 아들을 원자로 책봉하는 것에 반발한 서인들이 대거 조정에서 쫓겨났다. 이 때 서인의 거두 송시열은 사사되었다. 이 사건을 무엇이라 하는가?

답) 기사환국

토론해봅시다

💡 장희빈(장옥정)의 야망 성취과정과 몰락에 대해 토론해봅시다.

어머니 왜 날 낳으셨나요? 흑흑!

열네 살 때 어머니가 죽는 현장을 목격하다 _

부모 복 없기로 따지면 조선 27대 역대 왕 중 20대 경종이 으뜸이 아닐까요. 단종은 비록 어린 나이에 죽임을 당했으나 인자하신 할아버지 세종, 다정다감한 아버지 문종의 사랑을 듬뿍 받았습니다. 연산군은 불멸의 폭군으로 역사에 새겨졌으나 어머니(폐비 윤씨)에 대한 효성이 지극했습니다. 경종은 열네 살 때, 아버지(19대 숙종)에 의해 생모(장희빈)가 죽는 비극의 현장을 목격했습니다.

　장씨는 사약을 받게 되자 마지막으로 자신이 낳은 아들을 보고 싶다고 숙종에게 애원했습니다. 왕은 처음에는 거절했으나 한때 애틋한 정분을 나눈 사이인지라 인정에 이끌려 청을 들어주었습니다. 열네 살 세자를 생모가 사약을 받는 현장에 데려왔습니다.

이때 예기치 못한 돌발사태가 발생했습니다 _

장씨는 아들을 보자 광기어린 눈빛으로 아들에게 달려들어 아들의 낭심을 걷어차고 거칠게 잡아당겼습니다. 세자는 그 자리에서 기절했습니다. 생모가 죽음을 당하는 모습을 목격한 세자의 충격은 엄청났습니다. 아들을 위로하고 힘을 실어 주어야할 아버지 숙종은 오히려 아들을 미워하기 시작했습니다. 매사 조금이라도 자신의 뜻에 어긋나거나 실수를 하면, 누가 낳은 새끼인데 그렇지 않겠느냐며 엄하게 꾸짖었습니다.

경종은 생모의 죽음과 아버지의 냉대 속에서 제대로 성장할 수 없었습니다. 정신 이상 증세에다 육체는 시름시름 앓았습니다. 생식 능력을 상실한 채 왕위에 올라 병을 앓으면서 힘겹게 용상을 부여잡고 있다가 4년 만에 세상을 떴습니다. 치적을 남길 틈도, 기력도 없는 4년이었습니다. 충신은 없고 노론, 소론의 피 터지는 권력다툼의 틈바구니에서 간신히 숨을 쉬다가 숨을 거뒀습니다. 그의 나이 37세였습니다.

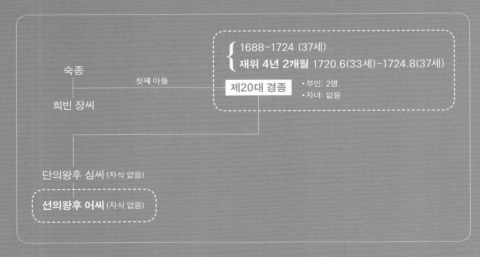

제20대 경종 가계도

숙종 ── 첫째 아들

희빈 장씨

{ 1688~1724 (37세)
{ 재위 4년 2개월 1720.6(33세)~1724.8(37세)

제20대 경종
· 부인: 2명
· 자녀: 없음

단의왕후 심씨 (자식 없음)

선의왕후 어씨 (자식 없음)

악독한 년의 피가 흐르는 놈!

숙종에게 희빈 장씨는 극악한 여인으로 입력되어 마침표가 찍혀 있습니다. 영리하고 애교 많던 여인의 추억은 삭제되고 권력을 탐해 무슨 짓이든 할 수 있는 악녀로 규정했습니다. 후회하길 잘 하는 숙종이지만 장씨를 사사한 것에 대해서는 손톱만큼도 후회가 없었습니다.

숙종은 세 명의 중전에게 아들 하나 얻지 못하고 장씨에게서 아들을 얻어 서둘러 원자로 정하고 세 살이 되자 세자로 책봉했지만 입맛이 떨어졌습니다. 악독한 년의 피가 흐르는 놈, 열네 살 때부터 서른이 넘을 때까지 골골하며 병을 달고 사는 세자에게 믿음이 없었습니다. 대통을 잇게 하기에는 함량미달이란 생각뿐이었습니다. 성년이 한참 지났건만, 부인을 두 명 두었으나, 자손을 생산할 낌새조차 보이지 않습니다. 어미와 아들을 동일시하는 착시현상마저 발동되었습니다. 사랑이 식으면 사람이 나무토막보다 못합니다.

세자를 다시 정하려는 모의

숙종은 소론을 배척하고 노론을 중용한 후, 1717년 세자가 병약하고 자식마저 낳지 못하니 노론의 영수 좌의정 이이명에게 은밀히 분부합니다(정유독대). '숙빈 최씨의 소생인 연잉군(21대 영조)을 후사로 삼으려고 하니 조정의 분위기를 잡으시오'라고. 명을 받은 좌의정은 작업을 합니다. 연잉군으로 하여금 세자를 대신하여 세자 대리청정(세자를 대신하여 편전에 참석하여 정사를 배우는 것)을 하게 했습니다.

연잉군의 대리청정이 결정되자 소론 측은 반발했습니다. 이때부터 세자를 지지하는 소론과 연잉군을 지지하는 노론 간 당쟁이 격화됩니다. 이 논란은 숙종이 승하하자 끝났습니다.

병든 왕은 하이에나에 뜯기는 사슴의 시체 꼴이었습니다 _

왕위를 이은 경종은 여전히 병약하고 무기력했습니다. 즉위 후에는 건강이 더욱 악화되었습니다. 자식도 없습니다. 노론 측은 종묘사직을 위해 세자를 세워야한다고 주장했습니다. 아들도 없는데. 소론의 반대에도 불구하고 즉위 원년 8월(1721)에 연잉군을 세제에 책봉했습니다. 이어서 주장하기를 왕이 정사를 볼 수 없을 정도로 쇠약하니 연잉군이 대리청정을 해야 한다고 했습니다. 이는 물러나라는 말과 다름없습니다.

노론과 소론의 밥그릇 싸움에 힘없고 병든 경종은 하이에나에 뜯기는 사슴의 시체 꼴이었습니다. 유아기에 잠시 사랑을 받은 후 철이 들면서는 밝은 웃음 한 번

의릉 전경

웃지 못한 경종. 1724년 8월, 재위 4년 2개월 만에 무거운 용포를 벗고 세상을 떴습니다. 37세라는 나이도 허무할 뿐입니다.

경종이 묻힌 의릉은 한 때 사람들의 시야에서 사라졌습니다 _

그의 생애만큼이나 그의 무덤도 애달픈 사연이 많습니다. 경종이 묻힌 의릉은 1962년부터 1995년까지 사람들의 시야에서 사라졌습니다. 재위 시절 힘없는 왕이라 죽은 육신마저 남에게 의탁했습니다. 33년 동안 의릉 능역과 그 주변은 중앙정보부 → 국가안전기획부 청사가 자리 잡고 있었습니다. 어두운 그림자가 드리워진 기관이 왕릉 일대를 접수해 무단 사용했습니다. 세월이 지났고 업무가 변했으니 달리 생각해봅니다.

다병무자多病無子했던 경종을 온전히 지켜줄 방패가 중앙정보부보다 더 확실한 데가 어디 있겠어요. 국가 최고 정보기관, 보안과 경비가 철통같은 기관이 경종을 지켜주었다는 역설을 펼쳐봅니다. 담장 밖으로 그의 통곡이 새어나가지 않게 보안, 방음을 확실히 했을 것입니다.

유적 보존에 대한 인식이 없었던 정보부는 홍살문과 정자각 사이에 연못을 만들었습니다. 그곳에서 권력자들이 뱃놀이를 했다는 소문도 있습니다. 지금은 완전히 복원되어 참도와 잔디밭이 가지런합니다.

능의 왼편에 2층 콘크리트 건물이 있습니다. 고풍스러움과는 거리가 먼데 안내판이 있습니다. '이 건물은 구 중앙정보부에서 사용하던 강당과 회의실이었다. 1972년7월4일 이후락 중앙정보부장이 7.4남북공동성명을 발표한 곳이라는 역사적 의미가 있어 등록문화재로 지정되었다'는 설명이 적혀있습니다. 건물 내부에는 관련 사진 몇 점이 전시되어 있습니다.

의릉 복원 이전 중앙정보부 시절 조성한 연못

"어머니, 왜 절 낳으셨나요? 왜? 왜?"_

사랑에는 균형이 필요합니다. 자식은 부모의 도구가 아닙니다. 경종은 이제 갑옷 같은 안기부의 보호로부터 벗어났습니다.

죽음은 최고의 법문이자 화해와 용서입니다. 죽음은 후세에 대한 교훈입니다. 원한을 대물림하는 죽음은 좋은 죽음이 아닙니다. 희빈 장씨도, 경종도 죽었습니다. 원한이 세월 속에 소멸되었길 기원합니다. 역사에는 가정이 없습니다. 그러나 역사를 가정해보는 것은 후손의 자유입니다. 경종이 건강한 몸으로 왕위에 있었다면? 어머니를 비극적 죽음으로 몰고 간 이들을 그냥 두었을까요? 제2의 연산군이 되고도 남지 않았을까요.

🔵 의릉懿陵

20대 경종(1688~1724)과 계비 선의왕후 어씨(1705~1730)의 능으로, 서울 성북구 석관동 1-5에 있다.

경종은 숙종의 제1자로 희빈 장씨 소생이다. 숙종의 승하 후 경희궁에서 즉위하였으나 병약하여 재위 4년 만에 승하했다. 선의왕후는 함원부원군 어유구의 딸로 15세 때 세자빈이 되었다가 경종의 즉위로 왕비가 되었다. 26세로 소생 없이 승하했다.

일반적으로 쌍릉은 좌우로 조성하나 이 능은 앞뒤로 능역을 조성했다. 왕릉과 왕비릉이 각각 단릉의 상설을 모두 갖추고, 뒤에 있는 왕릉에만 곡장(굽은 담장)을 둘러 쌍릉임을 나타낸 배치이다. 이러한 동원상하봉 능 설제도는 영릉寧陵:17대 효종과 인선왕후 장씨의 능에서 처음 나타난다. 풍수지리적으로 생기 왕성한 정혈에서 벗어날 것을 우려하여 앞뒤로 배치한 것이다.

석물은 병풍석이 없고 난간석·혼유석·장명등·망주석·문무인석과 말·양·호랑이가 있다. 능의 석물의 배치와 양식은 명릉明陵 : 숙종과 제1계비 인현왕후, 제2계비 인원왕후의 능과 같이 규모가 작고 간소하다. 이는《속오례의》를 따른 것으로 보인다.

⫿⫿⫿ 사적 제204호
⫿⫿⫿ 면적 37만8,371㎡ (11만 4,658평)

퀴즈

📋 취선당에 마련된 신당 문제로 숙종의 노여움을 사서 희빈 장씨가 사사된 사건을 무엇이라 부르는가?

답) 무고의 옥

토론해봅시다

💡 경종의 생애와 관련지어 어머니의 사랑은 어떠해야 되는가, 토론해봅시다.

우리 곁에

있는

왕릉

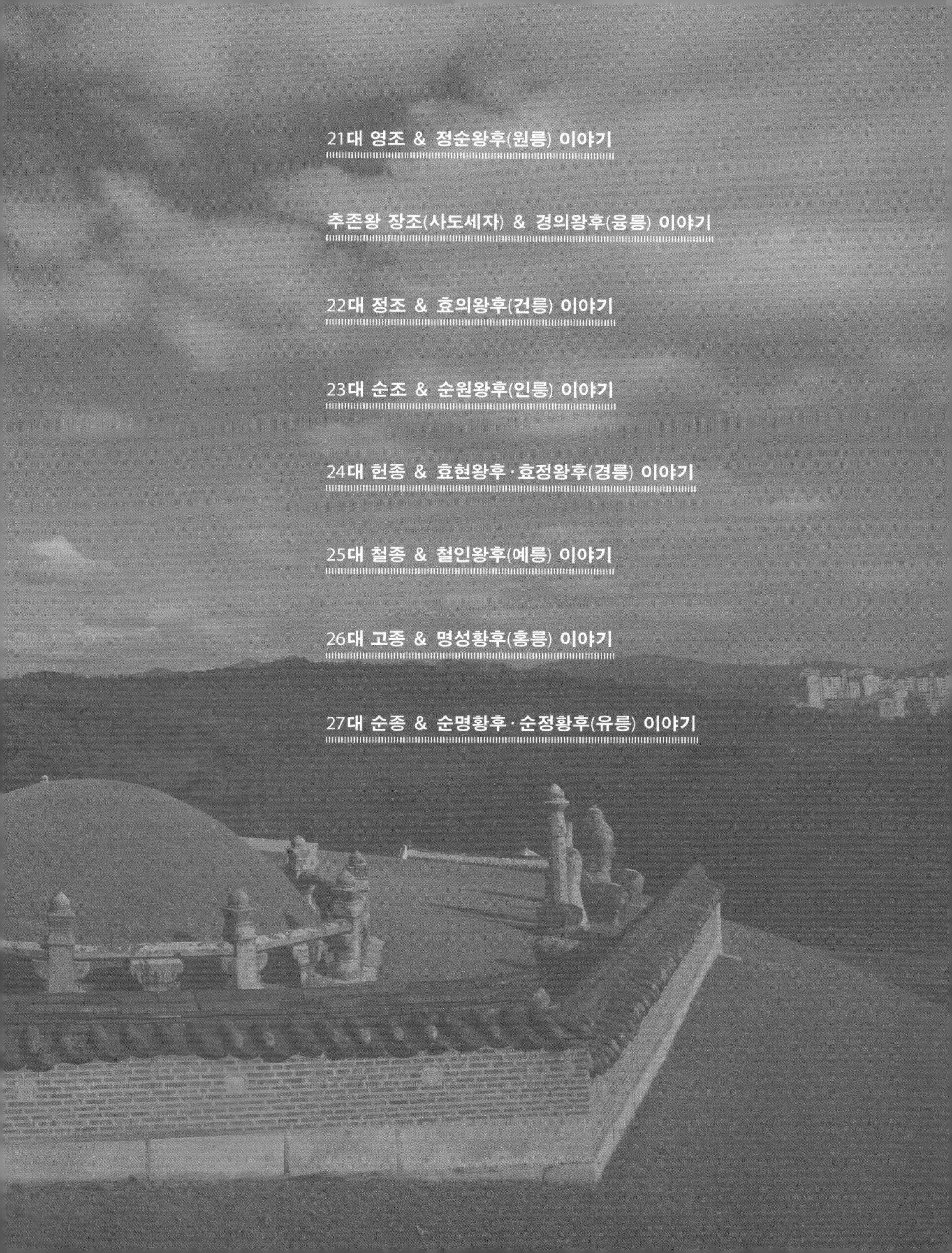

21대 영조 & 정순왕후(원릉) 이야기

추존왕 장조(사도세자) & 경의왕후(융릉) 이야기

22대 정조 & 효의왕후(건릉) 이야기

23대 순조 & 순원왕후(인릉) 이야기

24대 헌종 & 효현왕후·효정왕후(경릉) 이야기

25대 철종 & 철인왕후(예릉) 이야기

26대 고종 & 명성황후(홍릉) 이야기

27대 순종 & 순명황후·순정황후(유릉) 이야기

조선의 장수왕, 영조

업적도 많고 사연도 많은 영조 _

영조는 조선 역대 왕 중 최장수했고, 가장 오래 왕위에 있었습니다. 영조는 건강하게 오래 살았습니다. 66세에 15세인 정순왕후를 맞아들일 정도로 정력가였습니다. 장수와 노익장의 비결은 검소함과 금욕생활이었습니다. 제사 때 술 대신 식혜를 쓰게 하는 등 음주를 멀리 했습니다. 그의 침실을 본 사관은 이렇게 적었습니다. '임금이 목면으로 된 잠옷을 입고 명주로 만든 요 하나, 이불 하나가 전부다. 병풍도 없다. 민간의 부잣집 침실만도 못하다.'

아들을 죽인 사건의 총감독 _

영조는 재위 기간이 긴만큼 치적과 사연이 많습니다. 군왕의 지혜에 의해 정책이 만들어지기도 하지만 사회적 분위기가 정책을 이끌어내기도 합니다. 영조 시대는 노론과 소론이 첨예하게 대립했습니다. 당파싸움이라고 비난하는 것은 식민사관의 결과물입니다. 현대적 의미로 해석하면 정당입니다. 정책 정당이 아니라 이념과 이익을 중심으로 뭉친 정치집단입니다. 오늘날에도 명확하게 정책 정당이라고 규정할 수 있는 정당이 있나요?

노론 세력과 성향이 같은 영조와 소론 측에 동조한 세자와의 갈등으로 결국 세자를 죽음으로 몰고 갔습니다. 스물여덟 팔팔한 청년, 사도세자를 뒤주 속에 처넣어 질식사시킨 전대미문 사건의 총감독이 영조입니다.

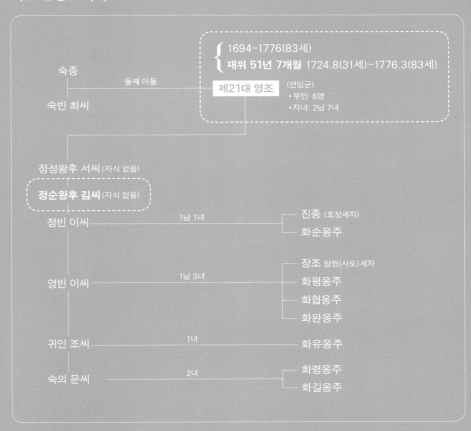

제21대 영조 가계도

숙종 ——— 둘째 아들

숙빈 최씨

{ 1694~1776(83세)
재위 51년 7개월 1724.8(31세)~1776.3(83세)

제21대 영조 (연잉군)
• 부인: 6명
• 자녀: 2남 7녀

정성왕후 서씨 (자식 없음)

정순왕후 김씨 (자식 없음)

정빈 이씨 ——— 1남 1녀 ——— 진종 (효장세자)
                        화순옹주

영빈 이씨 ——— 1남 3녀 ——— 장조 장헌(사도)세자
                        화평옹주
                        화협옹주
                        화완옹주

귀인 조씨 ——— 1녀 ——— 화유옹주

숙의 문씨 ——— 2녀 ——— 화령옹주
                      화길옹주

영조를 평생 괴롭힌 것은 두 가지입니다 _

어머니인 숙빈 최씨가 천한 신분이란 것과, 선왕이자 이복형인 경종 독살에 연루되었다는 소문입니다. 영조는 그 콤플렉스를 극복하기 위해 노력했습니다. 숙빈 최씨의 아버지, 증조부, 고조부에게 벼슬을 추증했습니다. 외가 자체를 양반으로 승격시켜 어머니의 출신 성분을 격상시키려했습니다. 재위 29년(1753)에는 어머니에게 화경和敬이란 시호를 추서했습니다.

영조도 서얼 출신 _

서얼에 대한 규제완화도 영조의 출신 성분과 관련이 있습니다. 서얼에 대한 차별규정은 태종 시대에 만들어진 '서얼금고법'으로부터 시작됩니다. 양반 소생일지라도 첩의 소생은 관직에 나갈 수 없다는 것이 골자입니다. 광해군 때 '홍길동전'이 나오게 된 이유도 거기에 있습니다.

양반 출신 첩의 소생을 서자庶子, 천비 출신 첩의 소생을 얼자孽子, 이 둘을 합쳐 서얼이라 합니다. 당시 양반들은 주로 자신의 집에 거느리는 인물 반반한 계집종을 첩으로 삼는 경우가 많았습니다. 때문에 서자보다 얼자가 압도적으로 많았습니다. 이것이 서얼을 더욱 멸시한 이유였습니다.

서얼 차별 금지를 공식적으로 수용하다 _

선조 대에는 서얼 1,600명이 서얼차별을 없애달라는 상소를 올렸습니다. 선조는 서출 출신으로 왕이 된 첫 번째 임금입니다. 영조 즉위 원년인 1724년에는 서얼 5천명이 집단 상소했습니다. 영조의 출신 성분을 활용하겠다는 사회적 환경 때문이지

원릉 전경

요. 아울러 서얼 인구가 전 백성의 절반을 차지할 정도로 많았습니다. 영조는 이들이 주장하는 '서얼통청'을 무시할 수 없었습니다. 사회적 환경과 자신의 콤플렉스가 합의점을 찾고자 노력했습니다.

1772년 영조는 서얼도 관직에 나갈 수 있다는 통청을 허락하는 교서를 내렸습니다. 서얼도 아버지를 아버지라 부를 수 있고 형을 형이라 부를 수 있게 했습니다. 이를 어긴 자는 처벌을 받게 했습니다. 하지만 왕의 교서로 오랜 관습이 하루아침에 바뀌지는 않았습니다. 그러나 조선 초부터 지속적으로 제기되던 서얼차대 철폐를 공식적으로 수용한 것이 영조입니다. 허균의 '홍길동전'은 시대적 배경이 세종

시대입니다. 그때부터 홍길동과 같은 의식을
가진 이들이 많았다는 암시입니다.

정비에게서 자식을 얻지 못하고 _

영조 자신이 정비 소생이 아닙니다. 그 또한
정비에게서 자식을 얻지 못했습니다. 두 명
의 정비는 아예 자녀를 생산하지 못했고 4명
의 후궁에게서 2남7녀를 얻었지만 두 아들
의 운명은 불행했습니다. 정빈 이씨 소생의
맏아들 효장세자는 10세에 죽었습니다. 영
빈 이씨 소생의 둘째 아들이, 영조가 마흔이
넘어 얻은 금지옥엽, 바로 사도세자입니다.

왕실의 자식은 그냥 자식이 아니라 공들
인 작품입니다. 무지랭이 백성들은 밭을 매
다가도 털컥, 뒷간에 가다가도 쑥쑥, 아들을

영조 어진

낳지만 왕실의 아들은 공들여 만든 유리 작품입니다. 화려하나 깨지기 쉬운 유리
그릇입니다. 중전이나 후궁이 간신히 회임을 하면, 조정 대신들이 거짓 웃음을 철
철 흘리며 '감축드리옵니다'라고 법석을 떱니다. 그러나 그렇게 만든 작품은 곧잘
동백꽃 망울처럼 어린 나이에 죽어버리거나, 혹여 청년으로 성장하면 권력 암투의
주요 임무를 맡아야 합니다. 정상적으로, 여법하게, 축복 속에 왕위를 승계한 경우
는 없습니다. 사도세자를 사도세자로 만드는데 한몫을 톡톡히 한 여인이 지금 영
조 곁에 묻혀있습니다.

사도세자를 죽음으로 몰고 간 정순왕후 _

영조는 정비 정성왕후가 66세로 승하하자 중전 자리를 잠시 비워두었다가 15세의 정순왕후와 가례를 올렸습니다. 이때 영조의 나이 66세, 정순왕후는 어두운 그림자를 몰고 왕실에 입장했습니다. 자식을 낳지 못한 정순왕후는 정치적 영향력 행사를 낙으로 삼았습니다. 친정 아버지 김한구와 더불어 영빈 소생인 세자를 모함하는데 앞장섰습니다. 영조는 그녀의 책동에 분개하기도 하고 눈감아주기도 했습니다. 어린 신부의 책동에 늙은 신랑은 애증이 갈팡질팡했습니다.

결국 그녀는 사도세자를 죽음으로 몰고 가는 물꼬를 텄습니다. 나아가 미래의 위험인 세손(22대 정조)의 등극을 막으려고 안간힘을 썼습니다. 싸움이 엎치락뒤치락하는 와중에 영조의 천수가 마감되었습니다. 늙은 영조는 세손(정조)에게 그녀의 목숨만은 보전해 달라는 부탁을 하고 83세로 승하했습니다.

정조는 할아버지의 유훈을 지켰습니다. 자신보다 겨우 일곱 살 연상인 할머니를 지켜주었습니다. 구원舊怨을 따지지 않은 덕분에 그녀는 손자 정조보다 오래 살았습니다. 증손자 순조(23대)가 어린 나이로 즉위하자 수렴청정하는 영광을 누리기도 했습니다.

🌑 원릉元陵

21대 영조(1694~1776)와 그의 계비 정순왕후 김씨(1745~1805)의 능으로, 동구릉(p.24 참조) 능역 안에 있다.

왕과 왕비의 능을 쌍릉으로 나란히 두었고, 각각 혼유석 1좌座를 앞에 놓았으며, 난간 중간에 사각옥형四角屋形의 장명등을 세웠고, 공간은 꽃문양으로 장식했다. 망주석의 세호細虎를 우주상행右柱上行·좌주하행左柱下行으로 새겼으며, 석상들은 작다.

퀴즈

🖹 '양반의 자손일지라도 첩의 소생은 관직에 나갈 수 없다'라고 3대 태종 때 정한 법은?

답) 서얼금고법

토론해봅시다

💬 영조 임금의 콤플렉스에 대해 토론해봅시다.

야속한 아버지의 아들, 장한 아들의 아버지,
아! 사도세자!

비극의 현장 _

"니 놈이 자진(자결)하면 조선국 세자의 이름은 잃지 않을 것이다. 어서 자진하라!"

세자는 이마를 땅바닥에 찧으며 영조를 바라보며 애원했습니다.

"전하! 전하!"

영조의 벌건 얼굴에 노기가 철철 흐르고 세자의 얼굴에는 피눈물이 범벅입니다.

"내가 죽으면 300년 종묘사직이 망하고, 니 놈이 죽으면 사직이 보존될 것이다. 너 하나 잃지 않으려고 종사를 망하게 할 수 없다. 어서 자진하라!"

윤5월, 한여름입니다. 임금의 노기怒氣 앞에 바람과 초목도 숨을 죽입니다. 햇빛을 가려줄 구름마저 세자의 편이 아닌 듯 종적을 감추었습니다. 세자를 감싸줄 이는 아무도 없습니다. 피눈물에 젖은 적삼만이 그를 감싸고 있습니다.

"전하! 전하 앞에서 차마 흉측한 모습을 보일 수는 없습니다. 청컨대 밖에 나가서 자진토록 해주소서."

"죽으려는 놈이 무슨 말이 그리 많으냐? 온갖 악행을 저지르고 다닐 때도 그리 말이 많았느냐? 어서 자진하라!"

"전하께서 칼로 내리친다 해도 신은 놀라지 않을 것이옵니다. 지금 죽기를 청합니다. 다만 흉한 꼴을 전하께 보이고 싶지 않을 따름이옵니다."

영조는 섬돌 아래로 내려오며 소리쳤습니다.

"저놈, 저놈, 말하는 꼴 보라. 흉측하기 짝이 없구나. 어서 자진하라."

영조의 노기는 누그러질 낌새를 보이지 않습니다. 땅바닥에 팽개쳐진 젖은 빨래처럼 엎드려 있던 세자는 허리띠를 풀어 목을 맸습니다. 그러자 시강원 강관들이

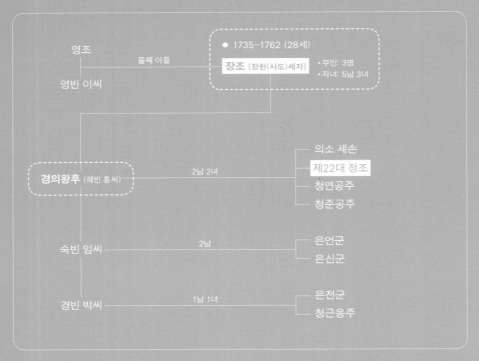

추존왕 장조 가계도

달려와 매듭을 풀고 부축하며 의관을 부릅니다. 의관이 청심환을 물에 타서 입에 떠 넣었으나 세자는 뱉어냅니다. 영조는 더욱 격앙된 목소리로,

"저자들이 저러니까 저 흉악무도한 놈이 믿고 날뛰는구나. 모두 파직시켜라."

세손이 달려와서 빌어도 _

이때 열 살 된 세손(22대 정조)이 살벌한 풍경이 벌어지고 있는 휘령전 마당으로 황급히 뛰어 들어왔습니다. 세손은 아버지 사도세자처럼 관과 도포를 벗어 던지고 세자 뒤에 엎드려 울부짖습니다.

"할바마마! 할바마마! 아비를 살려주옵소서."

"누가 세손을 데려왔느냐? 썩 데리고 나가라!"

발버둥치는 세손을 별군직 김수정이 안고 나갑니다. 영조는 창처럼 시퍼런 분노를 이기지 못해 고함을 지릅니다.

"이놈, 어서, 어서 자진해라."

세자가 바닥에 널브러진 용포를 찢어 다시 목을 매니 강관들이 또 풀어주었습니다.

이 때 네 명의 내관이 휘령전 쪽문으로 큰 궤를 들고 들어왔습니다. 마당 가운데 큰 궤가 놓였습니다. 역사에 영원히 지워지지 않는 이름, 바로 그 뒤주입니다.

마당 가운데 뒤주가 놓여지고 _

"속히 그 속으로 들어가라."

이미 기진맥진한 세자가 엉금엉금 기어 뒤주를 잡자 시강원의 강관들이 울면서

융릉의 화려한 병풍석

만류하며 궤 밑에 엎드립니다. 영조가 다시 고함을 지릅니다.

"저것들도 모두 역적이다. 당장 파직한다. 모두 끌고 나가라."

어명에는 농담이 없습니다. 발설과 동시에 시행만 있을 뿐입니다. 그들은 모두 끌려 나갔습니다. 세자는 흙투성이가 된 옷자락을 추스르며 두 손으로 뒤주의 모서리를 잡고 힘겹게 일어섭니다. 처연한 눈빛으로 영조를 올려다봅니다. 눈물이 범벅된 얼굴로, 거친 숨을 몰아쉬며 절규합니다.

"아버님, 아버님! 소자를 살려주옵소서!"

참으로 오랜만에 부왕을 아버지라 불렀습니다. 이 말은 이승에서 아버지의 눈빛을 바라보며 외친 마지막 말이 되고 말았습니다. 아들의 절규에 대해 아버지의 서늘한 대답이 돌아왔습니다.

"속히 뒤주 안으로 들어가라."

번복은 있을지언정 헛말이 없는 것이 어명입니다 _

마침내 세자는 뒤주 속에 들어갔습니다. 영조는 섬돌 아래로 내려와 직접 뚜껑을 닫고 자물쇠를 잠궜습니다. 긴 판자를 가져오라하여 뒤주 위에 덧대어 못을 박고 밧줄로 뒤주를 봉했습니다. 뒤주 안에서 울부짖는 세자의 목소리가 영조에게는 들리지 않습니다. 영조의 눈빛은 사람의 눈빛이 아닙니다. 새끼를 잃은 맹수가 발광하는 눈빛 같습니다. 이날이 1762년(영조38) 윤5월 13일입니다. 창처럼 예리한 햇살이 밀폐된 뒤주 위에 사정없이 내리 꽂힙니다.

뒤주 속에서 8일 만에 숨진 사도세자 _

조정 상황실이 분주하게 움직였지만 세자에 대한 구명운동은 찻잔 속에 태풍입니다. 8일 후, 영조 38년 윤5월 21일, 좁은 뒤주 속에서 발버둥조차 치지 못한 채 세자는 숨을 거두었습니다. 정쟁의 소용돌이에 온몸으로 항거하다 스물여덟의 생을 마감했습니다.

세자가 죽은 바로 그날, 영조는 '사도세자思悼世子'라는 시호를 내렸습니다. 생각 사思, 슬퍼할 도悼! 영조가 직접 지은 것입니다. 세자가 뒤주 속에서 사그라져가는 목소리로 살려주기를 애원하고 있을 때, 영조는 세자의 목숨이 아니라 세자의 명예만 살려주기로 작정하고 있었습니다. 세자가 죽은 직후 영조는 이렇게 말했습니다.

"과인은 미물도 불쌍히 여겨 부나비가 등잔으로 달려들면 손을 휘저어 내쫓고 길바닥에 개미가 지나가면 밟지 않고 건너갔다."

미물의 불살생不殺生 계율에는 충실했으나, 아들을 죽인 아버지라는 낙인은 영원히 지워지지 않습니다. 불같은 성격의 태종(3대)도 말썽꾸러기 세자 양녕대군을 죽이지는 않았습니다. 스물다섯 살에 세자 자리에서 내쫓긴 양녕은 비록 유배생활을 했으나 노년에는 왕실의 어른 대접을 받으며 69세까지 장수했습니다. 사도세자의 장례는 두 달 후인 7월 23일에 치러졌습니다.

융릉의 제향 모습

왜? 죽이기까지 했나요? _

맏아들 효장세자가 10세에 죽고 16년간 아들이 없어 애태우던 영조가, 마흔 둘에 얻은 자식이 사도세자입니다. 머뭇거릴 이유가 없어 두 살 때 세자에 책봉했습니다. 영조의 기대가 컸고 세자는 기대를 배반하지 않았습니다. 세 살 때 부왕과 대신들 앞에서 '효경'을 외웠고, 일곱 살 때 '동몽선습'을 독파했습니다. 서예에 조예가 깊었고 직접 지은 시를 대신들에게 나누어 주었습니다.

세자의 죄목 세 가지 _

열 살 때 홍봉한의 딸 혜빈 홍씨와 가례를 올렸습니다. 이것이 불행의 씨앗이었습니다. 사도세자 죽음의 향연에 등장하는 핵심 소품인 뒤주를 제안하고 준비한 이가 세자의 장인 홍봉한입니다.

세자를 죽음으로 몰고 간 죄목은 세 가지입니다. 의대증이 도져 옷시중을 드는 궁녀를 때려죽이고, 여승을 세자궁으로 불러들이고, 왕의 허락 없이 한 달 동안 관서지방을 유람하고 돌아왔다는 것입니다. 이 정도 죄목이면 꾸중, 근신, 심하면 폐세자 등의 벌이 합당합니다. 그의 주변에는 도와주는 세력이 없었습니다. 하늘이 무너지고 땅이 꺼질 듯이 비난하는 목소리만 자욱했습니다.

부인 혜경궁 홍씨도 세자의 편이 아니었습니다. 친정에는 충실한 딸이었으나 남편의 애틋한 아내는 아니었습니다.

융릉 隆陵

장조(莊祖, 사도세자, 1735~1762)와 비 경의왕후(혜경궁 홍씨, 1735~1815)의 능으로, 경기도 화성시 태안면 안녕리에 있다.

장조는 1735년(영조 11) 창경궁에서 탄생해 그 이듬해에 세자에 책봉되고, 1762년 28세 때 창경궁에서 죽었다. 영조가 사도思悼라는 시호를 내렸다. 그 뒤 정조가 즉위하자 장헌세자莊獻世子라 하고 고종 때 장조로 추존되었다가 1899년 의황제懿皇帝로 다시 추존되었다.

경의왕후는 영의정 홍봉한의 딸로서 1744년 세자빈에 간택되었다. 세자가 죽은 뒤 1762년 혜빈惠嬪의 호를 받았다. 1776년(정조 즉위년) 아들 정조가 즉위하자 궁호가 혜경惠慶으로 올랐다. 1815년(순조 15) 80세로 창경궁에서 승하.

융릉은 원래 경기도 양주군의 배봉산에 있었던 영우원永佑園을 수원 화산花山으로 옮겨 현륭원顯隆園이라 했다. 정조는 현륭원을 조성할 때 온갖 정성을 기울였다. 그 결과 조선시대의 어느 원보다도 후하고 창의적인 상설象設을 했다.

석인도 예전에는 가슴까지 파묻혀 있었으나, 목이 위로 나와 있어 시원한 분위기를 나타내는 등 조각 수법이 사실적이다. 능의 뒤에는 곡장을 둘렀다. 19세기 이후의 능 석물 양식에 많은 영향을 주었다.

‖‖‖ 근처에 위치한 정조의 건릉(健陵)과 함께 사적 제206호
‖‖‖ 융건릉 면적 83만9,669㎡ (25만 4천 평)

퀴즈

📝 사도세자의 병명을 현대의학의 관점에서 진단한다면?

답) 조울증 정도가 아닐까.

📝 사도세자의 부인 혜경궁 홍씨가 지은, 남편의 참사를 중심으로 자신의 일생을 자서전적으로 기록한 책은?

답) 한중록

토론해봅시다

💬 아버지 영조가 아들 사도세자를 죽게 한 것은 살인인가? 아닌가? 당시 시대상과 현대적 관점에서 **토론해봅시다.**

나는 사도세자의 아들이다!

"경들은 똑똑히 들으시오. 짐은 사도세자의 아들이오!" _

화려한 즉위식을 마치고 처음 주재하는 어전회의에서 정조가 내뱉은 첫 번째 선언입니다. 대신들은 경악했습니다. 사도세자를 죽음으로 몰고 갔던 노론파 대신들은 숨이 멎는 것 같았습니다. 비단천의 핏자국을 확인한 연산군이 광란의 칼을 휘둘렀던 250년 전의 역사를 기억하고 있습니다. 내면을 숨기고 살아온, 와신상담臥薪嘗膽의 결과가 어떠하리라는 것을 짐작할 수 있습니다. 금방이라도 땅이 갈라지고 하늘이 무너지는 것 같습니다. 지금 용상에 앉은 이는 어제까지 세손이었던 인물이 아니라, 14년 전 좁은 뒤주 속에서 질식사한 사도세자가 다시 살아나 앉아 있다는 착각마저 듭니다.

사도세자라는 이름은 금기어였다

사도세자가 뒤주 속에서 질식사한 후, 세손 산祘, 22대 정조은 효장세자의 아들로 입적되었습니다. 세손은 이미 34년 전에, 10세로 죽은 효장세자의 아들로 살아야했습니다. 할아버지 영조는 수시로 '너는 누구의 아들이냐?'고 확인했습니다. 15년간 그렇게 살다가 이제 친아버지를 찾았습니다. 양주 배봉산 기슭에 초라하게 묻혀 있는 사도세자를 세상 가운데로 끌어내는 순간입니다. 당연한 말, 피는 물보다 진합니다. 그 이전까지 사도세자라는 이름은 금기어였습니다. 온 나라가 연좌제에 걸려 있었습니다.

제22대 정조 가계도

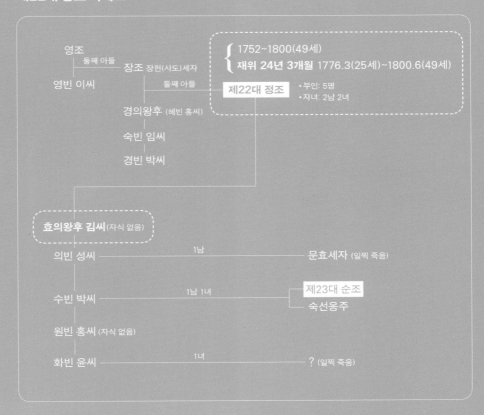

아버지 찾기를 시작하다 _

정조는 그 사슬을 풀기 시작했습니다. 즉위 열흘 후, 사도세자의 존호를 장헌세자莊獻世子라 올리고 배봉산 기슭에 외롭게 방치된 무덤의 묘호를 영우원永祐園, 사당은 경모궁景慕宮이라 높였습니다. 정조는 매년 영우원에 참배했습니다. 비로소 사도세자는 금기의 대상에서 국왕의 아버지가 되었습니다.

아버지의 복수를 하다 _

그는 아버지 사도세자를 죽이고 세손인 자신을 끌어내리려고 온갖 음모를 자행했던 무리들을 똑똑히 기억하고 있었습니다. 홍인한 등과 결탁해 자신을 제거하려 했던 화완옹주(정조의 고모)의 양아들 정후겸을 귀양 보내고, 화완옹주는 서녀로 강등시켰습니다. 홍인한, 홍상간, 윤양로 등도 제거했습니다.

영조의 후궁인 숙의 문씨의 작호

수원 화성 전경

를 박탈해 사저로 내쫓았습니다. 문씨는 할아버지의 후궁이었기에 목숨만은 보존해주려 했으나 대신들과 삼사三司가 거듭 상소를 올려 결국 사약을 내렸습니다.

외할아버지를 어떻게 할까요? _

정조의 가장 큰 고민은 외할아버지 홍봉한의 처리문제였습니다. 사도세자를 죽인 주범이 홍봉한이라는 것은 공인된 사실입니다. 형조판서 이계, 성균관 유생들까지 홍봉한을 처벌해야 한다고 나섰습니다. 홍봉한의 목숨이 끊어지기 전에는 군신상하가 편히 잘 수 없다고 주청했습니다.

　그러나 정조는, 아버지의 원수를 갚으면 어머니의 원수가 될 수밖에 없다는 딜레마에서 고민했습니다. 결국, 용서의 길로 가닥을 잡았습니다. 아버지 사도세자를 화려하게 복권하는데 전력을 기울였습니다.

아버지를 천하명당에 모시리라 _

정조 13년(1789) 10월4일, 사도세자의 영구靈柩가 양주 매봉산에서 수원으로 가는 날입니다. 비참하게 죽은 지 27년 만에 벌어진 화려한 행차입니다. 목적지는 수원 용복면龍伏面에 있는 화산花山, 지명조차 예사롭지 않습니다. 왕릉이 입지한 곳은 명당 아닌 곳이 없습니다. 택지할 당시 최고 명당을 찾습니다. 물론 정성의 차이는 있습니다. 정조가 아버지에게 기울인 지극정성을 누가 따르겠습니까. 그래서 경기도 여주에 있는 세종의 영릉과 함께 국내 최고의 길지로 꼽히는 곳이 수원 화산의 융건릉입니다.

　"화산이 왼쪽으로 돌아 서북쪽乾方으로 떨어져서 주봉우리가 되고, 서북쪽의 주산主山이 서북과 북쪽 사이亥方로 내려오다가 북쪽癸方으로 돌고, 다시 북동쪽丑

244

方으로 뻗어오다가 동북쪽坤方으로 바뀌면서 입수入首합니다. 앞에 쌍봉이 있는데 두 봉우리 사이가 비었고, 안에 작은 언덕이 있는데 그 형상이 마치 구슬 같습니다. 청룡 네 겹과 백호 네 겹이 에워싸 지세가 만들어졌는데, 혈穴이 맺힌 곳은 마치 자리를 깐 것처럼 평퍼짐합니다. 뻗어온 용의 기세가 7백 리를 내려왔는데 용을 보호하는 물이 모두 뒤에 모였으며 현무玄武로 입수했으니 천지와 함께 영원히 더할 수 없는 길지吉地입니다."

당시 명성 있는 지관들의 한결같은 말입니다. '용이 엎드린 곳(용복면)'이란 지명은 예로부터 길지라는 증거입니다. 능역을 조성하는 작업도 남달랐습니다. 능지로 택지되면 민간의 집이든 묘든 군말 없이 철거하는 것이 당시의 관례였습니다.

정조의 능행차 의식 재현 장면

正祖大王御眞

정조 어진

정조는 백성들의 원성을 최소화하려고 노력했습니다 _

'사도세자의 묘를 이전하는 것은 백성들의 고통이 아니라 축제여야 한다. 민심이 즐거워야 내 마음이 편하다'는 확고한 소신이 있었습니다. 철거되는 민가에는 내탕금을 내려 땅값을 넉넉하게 보상해주고 새집을 지을 자금까지 주었습니다. 이전에는 없었던 일이니 이주하는 백성들이 감격의 눈물을 흘렸습니다.

열두 차례나 아버지 무덤에 참배 _

정조는 사도세자가 묻힌 곳을 현륭원이라 이름 짓고 이장 후부터 승하하기 전까지 열두 차례나 참배했습니다. 요즘 같으면, 대통령이 서울에서 수원까지 이동하는 것이야 뉴스거리도 안 되지만 당시는 거국적인 행사였습니다. 어가를 따르는 인원이 6천명이 넘고 동원된 말馬이 1천 4백여 필입니다. 뚝섬에 띠배를 엮어 한강을 건너고 말죽거리, 과천을 거쳐 수원 화산에 당도합니다. 정조의 잦은 능행은 참배의 목적과 함께 왕실의 위엄을 과시하여 노론 세력의 기를 꺾기 위한 목적도 있었습니다.

  능의 조성과 함께 정조의 내심에는 새로운 도시를 건설하겠다는 계획도 있었습니다. 팔달산 아래가 큰 고을이 들어서기에 적합하다는 보고를 받았습니다. 정조 17년에는 수원을 유수부로 승격시켰습니다. 그리고 수원에 화성 행궁을 건립했습니다. 화성 행궁은 모두 555칸이나 되는 최대 규모의 행궁입니다. 이어서 현륭원과 행궁을 보호하기 위해 정조 18년2월~20년9월, 화성華城, 수원성을 완성했습니다. 대단한 추진력이자 효성입니다.

  정약용의 거중기가 축성공사에 위력을 발휘했습니다.

🌑 건릉健陵

22대 정조(1752~1800)와 그의 부인인 효의왕후 김씨(1754~1821)의 능으로, 경기도 화성시 태안면 안녕리 1-1에 있다.

정조는 효성이 지극하였으며 많은 인재를 등용하고, 조선 후기의 황금문화를 이룩하였다. 건릉은 현융원의 동쪽 언덕에 있었으나 효의왕후가 죽자 풍수지리상 좋지 않다는 이유로 서쪽으로 옮겨 효의왕후와 합장하였다.

무덤은 한 언덕에 2개의 방을 갖추었으며 난간만 두르고 있고, 그 외의 모든 것은 융릉의 예를 따랐다. 혼유석은 하나만 있으며, 융릉과 같이 8각형과 4각형을 조화시켜 석등을 세웠다. 문무석은 사실적이며 안정감이 있는 빼어난 조각으로 19세기 무덤의 석물제도의 새로운 표본을 제시하였다.

〰 융릉과 함께 사적 206호

퀴즈

▤ 정조 시대 인물로 북학파의 거장이며 압록강, 북경, 열하를 여행하고 돌아와 〈열하일기〉를 저술한 인물은?

답) 연암 박지원

토론해봅시다

♡ 정조가 즉위하기까지의 어려움과 그것을 극복하기 위한 처신에 대해 토론해봅시다.

해는 서산으로 기울고,
조선의 역사도 함지를 향해 가네

함지(咸池–해가 진다고 하는, 서쪽에 있는 큰 못)

왕권은 허약해지고 세도정치가 판을 치다 _

부와 권력은 세습되지만, 수명은 세습되지 않습니다. 조선 왕조의 역사는 그것을 극명하게 보여줍니다. 두세 손가락 안에 꼽을 수 있는 천재 임금 정조는 아홉 수를 넘기지 못하고 49세에 승하했습니다. 자식복도 없어 효의왕후는 아예 석녀이고 후궁 의빈 성씨가 낳은 맏아들 문효세자는 5세에 요절했습니다. 노심초사 끝에 정조가 38세에 후궁 수빈 박씨에게서 얻은 둘째가 순조(23대)입니다.

정조가 갑자기 승하한 지 5일 만에 열한 살, 순조가 즉위합니다. 세상이 바뀌고 양지와 음지가 바뀌고 역사의 물줄기가 휘몰이 장단에 춤을 춥니다. 세도정치라는 말이 본격적으로 활개 치는 시점입니다.

순조가 태어나는 순간은 화려합니다. 《정조실록》에 "이날 새벽에 금림禁林에는 붉은 광채가 있어 땅에 내리비쳤고 한낮이 되자 무지개가 태묘太廟의 우물 속에서 일어나 오색광채를 이루었다"고 적었습니다.

11살 어린애가 왕의 직분을 제대로 수행할 수 있을까요? _

정순왕후(영조의 계비)가 수렴청정을 하면서 노론 벽파가 득세하고 남인을 몰아내기 위해 천주교 박해(신유박해) 등이 벌어져 정조가 물려준 꿈은 흔들렸습니다.

순조가 15세 되어 친정에 나서지만 장인인 김조순 일가가 실권을 잡아 국정의 어려움은 계속됩니다. 소위 안동 김씨 세도정치입니다.

세도世道란 본래 '세상을 바르게 다스리는 도리'라는 뜻으로 중종조 때 조광조 등 사림들이 표방했던 통치원리였습니다. 그것이 정조 초에 세도의 책임을 부여받

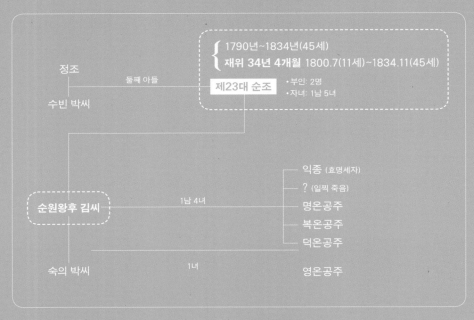

제23대 순조 가계도

- 1790년~1834년(45세)
- 재위 34년 4개월 1800.7(11세)~1834.11(45세)

제23대 순조
- 부인: 2명
- 자녀: 1남 5녀

정조 — 둘째 아들 — 제23대 순조

수빈 박씨

순원왕후 김씨 — 1남 4녀
- 익종 (효명세자)
- ? (일찍 죽음)
- 명온공주
- 복온공주
- 덕온공주

숙의 박씨 — 1녀
- 영온공주

은 홍국영이 독재를 자행하기 시작한 데서 비롯되어 임금의 총애를 받는 신하나 외척들이 독단으로 권력을 휘두르는 말로 변질되었습니다.

세도정치의 대명사가 된 안동 김씨에 대한 약간의 오해가 있습니다. 경상북도 안동에 들어서면 '정신문화의 수도 안동'이란 광고판이 곳곳에 있습니다. 조선 후기 세도가 안동 김씨는 서울 자하동과 청풍계 일대에 대대로 거주했던 노론 명가를 뜻합니다. 자하동이 장동莊洞이 됐고 세도정치를 펼쳤던 이들은 장동에 살던 장동 김씨를 지칭합니다. 괜히 핀잔을 받는 안동에 사는 안동 김씨들께서는 억울함을 풀기 바랍니다.

자연재해와 민란으로 백성들은 죽어나가고 _

순조 시대, 정치 기강은 문란해졌고 부정부패가 만연했습니다. 결국 1811년 홍경래의 난이 터졌습니다. 몰락한 양반에서부터 농민까지 다양한 계층이 참여했던 이 난은 이씨 왕조를 부정하는 반체제적 성격이었습니다. 이듬해 관군에 의해 진압되었지만 조선 후기 사회의 붕괴를 가속화시킨 분수령이 됐습니다.

순조는 이 밖에도 유례없는 기근과 수재, 전염병, 크고 작은 민란과 역모사건에 시달렸습니다. 전염병으로 10만여 명이란 엄청난 백성이 죽고 재위 34년 중 19년간 수해가 닥쳤습니다. 순조 14년까지 조선의 인구는 증가추세여서 총 790여만 명이었습니다. 순조 16년 통계 조사에는 659만여 명입니다. 130여만 명이나 감소했습니다. 엄청난 숫자입니다. 당시 한성부(서울) 인구는 20여만 명으로 큰 변동이 없습니다. 130여만 명 백성을 잃은 군주, 억조창생을 지켜주지 못한 왕이 순조입니다. 참고로 조선 초 태종 때 조선의 인구는 32만2천여 명, 임진왜란 전 인구는 370여만 명, 임란과 병란을 겪은 후 조선의 인구는 150여만 명이었습니다.

개 피하려다 뱀 만나고 _

순조는 안동 김씨 세도정치의 폐단을 막아보고자 조만영의 딸을 세자빈으로 맞았습니다. 그러나 그것은 풍양 조씨의 득세로 이어졌습니다. 개 피하려다 뱀 만난 격입니다. 아니 둘 다 피하지 못했습니다. 두 가문은 득세를 위한 싸움에만 몰두했습니다. 선정, 민생은 관심 밖이었습니다.

그러나 학문을 즐긴 순조는 문집 《순재고》를 남겼습니다. 《양현전심록》, 《대학유의》, 《만기요람》 등 학문과 정사에 필요한 다양한 저서도 간행하게 했습니다.

아슬아슬하게 왕비가 된 순원왕후 _

인릉은 합장릉입니다. 생전에 금슬이 어떠했던지 간에 영원히 한 이불 속에서 지내야 합니다. 함께 묻힌 순원왕후는 아슬아슬하게 왕비가 됐습니다. 눈앞까지 다가왔던 금메달을 날려버릴 순간에 용케 낚아채어 목에 걸었습니다.

순원왕후는 세도정치의 시조인 영안부원군 김조순의 딸입니다. 1800년(정조24) 초간택, 재간택을 거쳐 3간택을 앞두고 갑자기 정조가 승하했습니다. 1차, 2차 시험에 통과하고 최종 면접을 앞두고 심사위원장이 바뀐 것입니다. 그동안 수모를 당하며 살아온 영조의 계비 정순왕후가 대비마마가 되었습니다. 할머니뻘인 대비와 정조와는 오랜 앙숙입니다.

정조가 죽자 대비의 세상이 되었습니다. 정순왕후는 자신의 외척인 김관주와 권유 등을 시켜서 간택을 무효화시키고 자기 사람을 심으려고 했습니다. 그러나 이제 막 음지에서 양지로 나온 터이라 조정 여론을 장악하지 못해 결국 간택은 유효하게 작용했습니다.

순원왕후는 아버지 김조순, 오빠 김좌근으로 이어지는 안동 김씨 집권의 중심

인릉 전경

축이었습니다. 가문의 영광을 위해 몸을 던진 여인입니다. 남편 순조와는 관계가 원만하지 못했을 것입니다. 인릉 곁에 있는 헌릉에 묻힌 태종(3대)만큼 힘이 있었다면 외척의 발호를 묵과하지 않았을 것입니다. 태종은 장인과 처남 네 명을 사정없이 처단한 인물입니다.

순원왕후, 활약은 했지만, 나라꼴은 만신창이가 되어가고 _

순원왕후는 순조와의 사이에서 1남 4녀를 두었습니다. 외아들 효명세자는 아들 하나 낳고 22세에 죽었습니다. 아들이 보위를 잇지 못하고 손자가 왕위를 이으니, 24대 헌종입니다. 헌종은 자식 없이 23세에 승하했습니다. 순원왕후 친정은 가문의 영광을 누렸지만 자신은 대가 끊겨버렸습니다. 오호, 통재라! 누구로 하여금 대를 잊게 할 것인가?

순원왕후는 대왕대비 시절, 풍양 조씨 일문이 미처 손을 쓰기 전에 사도세자의 증손자인 강화도령 원범(25대 철종)을 지목하여 왕위를 잇게 했습니다. 천둥벌거숭이 원범이가 하루아침에 왕이 되는데 그녀의 역할이 결정적이었습니다. 그러나, 나라꼴은 만신창이가 되어가고 있었습니다.

미우나 고우나 한 이불 속에 잠들고 있으니 없는 정일망정 만들어가세요. 영혼이 잠시 나와 쉬는 혼유석도 한 개 뿐입니다. 거기서는 서로 부둥켜 안고 노는 수밖에 없습니다. 밀치고 외면하다간 돌 밖으로 굴러 떨어집니다. 이런 의도로 혼유석을 한 개만 설치했을 리는 없습니다. 왕권이 허약하니 대충 때운 것이겠지요.

순조純祖, 순원왕후純元王后시여! 그 이름만큼만 너그럽고 온유하게 지내시길. 원怨은 푸시고 정情만 가을 잔디처럼 새록새록 푸르러지길 서원하나이다.

인릉의 석물들

인릉仁陵

제23대 순조(1790~1834)와 비 순원왕후(1789~1857) 김씨의 능으로, 서울특별시 강남구 내곡동 산 13의 1에 있는 헌릉(p.72 참조)과 함께 헌인릉으로 불린다.

1834년 순조가 왕위에 오른 지 34년 만에 승하하자 처음 파주 장릉長陵:16대 인조 능 곁에 능을 조성했다가, 풍수상 불길하다는 의론이 대두되어 1856년(철종 7) 헌릉獻陵 : 태종의 능 오른쪽 언덕으로 이장했다. 다음해에 왕비 순원왕후가 승하하여 순조와 합장했다.

합장릉이라 외형상 단릉처럼 보인다. 봉분은 물론 봉분 앞 혼유석도 하나만 설치해 놓았기 때문이다. 장명등은 영릉英陵 : 4대 세종의 능의 제도를 따르고 있다.

문무인석의 조각은 사실주의적인 것으로 머리가 어깨 위로 나오고 하반신이 더 길어져서 매우 아름다운 형체를 띠고 있다. 순조와 순원왕후는 1899년(광무3) 11월17일에 숙황제, 숙황후로 추존되었다.

‖‖ 사적 제194호
‖‖ 면적 119만3,071㎡ (36만0,904평)

퀴즈

▤ 순조시대 천주교 금지령을 내리고 천주교도를 잡아들이기 위해 만든 법은?

답) 오가작통법

토론해봅시다

❓ 조선시대 수렴청정한 사례를 조사해 보고 의미, 역할, 효과, 문제점에 대해 토론해봅시다.

가장 아름답게 보이는 삼연릉의 비밀

조선의 역사는 말기末期를 향해 달려가고 있습니다

말기의 인물들은 삐걱거리는 '비운悲運의 수레'에 탈 수밖에 없습니다. 조선이란 함대는 밑창이 터지고 옆구리가 깨지고 있었습니다. 세도정치에 휘둘린 허약한 조정은 기강이 휘청거렸습니다. 관리 임명의 근간이 되는 과거제도는 유명무실해지고 백주대낮에 매관매직이 성행했습니다. 국가 재정의 기본인 삼정三政, 전정·군정·환곡의 문란으로 왕실의 권위는 실추되고 민생은 피폐해졌습니다.

조선 역대 왕 중 최연소(8세) 즉위 _

순조(23대)가 세상을 떠나자(1834년) 헌종(24대)이 여덟 살 나이로 왕위에 올랐습니다. 할아버지 영조(21대)의 뒤를 이은 정조(22대)는 강건하게 국사를 수행했으나, 할아버지 순조의 뒤를 이은 헌종은 너무 어렸습니다. 여덟 살, 조선 역대왕 중 최연소 즉위입니다.

조정의 분위기와 세상 형편은 어린애를 능멸하기에 적합했습니다. 안동 김씨의 세도는 브레이크가 고장 난 채 질주하고, 어린 왕은 할머니 순원왕후(순조 비)의 무릉에 앉아 수렴청정을 감내하는 수밖에 없었습니다. 오죽했으면 그의 묘호를 헌종憲宗이라 지었을까요. 국헌國憲을 지키고픈 간절한 염원을 죽은 후 묘호에 담았다고나 할까요.

기록상 재위 기간은 14년입니다. 그 중 6년은 수렴청정 기간이고. 8년의 친정 기간에도 그는 힘을 쓰지 못했습니다. 안동 김씨와 풍양 조씨의 세력다툼 틈바구니에 끼어 숨만 헐떡거리다가 스물세 살 청년 이환李奐=헌종은 이승을 하직했습니다. 왕의 죽음인데 사인死因에 대한 기록도 없습니다. 스트레스로 인한 사망이라고 후세 사람들은 말합니다.

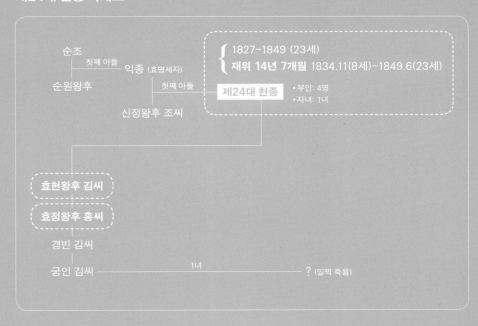

제24대 헌종 가계도

순조 ─ 첫째 아들 ─ 익종 (효명세자)
순원왕후 ─ 첫째 아들 ─ 신정왕후 조씨 ── 제24대 헌종

{ 1827~1849 (23세)
{ 재위 14년 7개월 1834.11(8세)~1849.6(23세)

• 부인: 4명
• 자녀: 1녀

효현왕후 김씨
효정왕후 홍씨
경빈 김씨
궁인 김씨 ──────── 1녀 ──────── ? (일찍 죽음)

세상사 잊으려고 낙선재를 짓다 _

헌종의 치적, 그가 남긴 것은 창덕궁 낙선재樂善齋입니다. 어떤 이는 낙선재를 '헌종의 예술과 사랑이 빚어낸 곳'이라고 표현합니다. 낙선재는 우리에게 낯 익은 이름입니다. 1989년까지 영친왕의 비妃 이방자 여사가 생활했던 곳입니다. 조선의 마지막 궁녀 몇몇도 이곳에서 살다가 죽었습니다.

주택풍의 연속된 건물 세 채와 후원後園이 딸려 있습니다. 후원은 절제되면서도 조화 있는 조경으로 꾸며져 있습니다. 낙선재는 1847년(헌종 13) 창건되었습니다. 1926년 순종이 죽은 뒤 윤비尹妃: 순명효황후가 이곳에서 살다가 별세했고, 1963년 일본에서 돌아온 영친왕 이은李垠도 이곳에서 생애를 마쳤습니다.

왕의 의지로 후궁을 맞아들이다 _

헌종은 재위 3년에 효헌왕후孝憲王后를 왕비로 맞았으나, 6년 후 왕후는 후사 없이 열여섯 살의 나이로 세상을 떴습니다. 이듬해 헌종은 계비를 맞아들이기 위한 삼간택에 전례를 깨고 자신도 간택에 참여했지만, 헌종이 마음에 둔 사람(경빈 김씨) 대신 효정왕후 홍씨가 간택됩니다. 간택의 결정권이 왕실의 어른인 대왕대비에게 있었기 때문입니다.

이에 헌종은 3년 동안 고심한 끝에 왕비가 후사를 생산할 가능성이 없다는 핑계로 대왕대비의 허락을 받아 삼간택에서 떨어진 경빈 김씨를 후궁으로 맞아들입니다. 낙선재와 그 일곽인 석복헌과 수강재는 사랑하는 경빈을 위해 지었습니다. 말하자면 경빈 김씨가 왕실의 대통을 이을 왕세자를 낳기 위한 둥지인 셈입니다.

도피처, 낙선재 _

헌종은 이곳 낙선재에서 경빈 김씨를 옆에 두고 세상사 잊고 책을 읽고 서화를 감상하면서 시간을 죽였습니다. 무거운 곤룡포 잠시 벗고, 나라의 운명도 저만치 밀쳐버렸습니다. 낙선재樂善齋란 '착한 일을 즐겨 하는 집'이란 뜻입니다. 문만 나서면 조정 암투의 먹구름이 자욱하고 조선을 넘보는 외세의 야수들이 아가리를 벌리고 다가오고 있건만 낙선재는 태풍의 눈처럼 조용했습니다.

　헌종은 이곳에서 서화를 사랑하여 고금 명가의 유필을 벗 삼아 지냈습니다. 그가 얼마나 서화를 좋아했는지 헌종에게 여러 차례 낙선재에 불려 들어간 소치小癡 허련許鍊이 기록한 《소치실록》에도 나타나 있습니다.

조선왕릉에서 유일하게 삼연릉으로 조성된 경릉

낙선재에 들어가니 상감이 평상시 거처하는 곳이 보인다. 좌우 현판 글씨는 완당阮堂의 것이 많다. 향천香泉, 연경루硏經樓, 유재留齋, 자이당自怡堂, 고조당古藻堂이 그 것이다.

풍류를 벗 삼으며 경빈 김씨와 낙선재에 기거하던 헌종은 경빈을 맞은 후 2년도 채 못 살고 재위 15년(1849) 6월 6일, 후사 없이 중희당에서 홀연히 세상을 떴습니다.

경릉은 세 개의 봉분이 나란히 조성된 삼연릉입니다 _

조선 왕릉 중 유일합니다. 겉으로 보기엔 참으로 고즈넉합니다. 그러나 조성된 경위는 우울합니다. 허약했던 청년 군주 헌종의 이력서입니다. 건원릉 서쪽 다섯 번째 줄기에 있는 경릉은, 원래 선조의 유택인 목릉이 있었습니다. 목릉을 건원릉 두 번째 줄기로 천장하고 비어 있던 자리였습니다. 헌종의 원비 효현왕후가 16세로 승하하자(1843년) 이곳에 안장하고 능호를 경릉이라 했습니다.

6년 후인 1849년 헌종이 승하하자 효현왕후 곁에 능을 조성했습니다. 왕이 살아 있을 때 왕비 곁으로 가고 싶다는 전교가 없으면 먼저 죽은 왕비 곁으로 가지 않는 것이 법도입니다. 안동 김씨들은 길지를 물색한다고 열 세 곳이나 다녔다고 둘러대며 추천한 능지가 여기입니다. 흉당으로 꼽히는 파묘破墓자리인데다 헌종은 능호도 얻지 못했습니다.

헌종의 능호를 숙릉肅陵으로 정했으나 국장기간 중에 영부사 조인영의 상소에 의해 효현왕후의 경릉을 함께 쓰기로 했습니다. 왕인 남편이 아내의 문패를 그대로 사용한 것입니다. 왕권의 허약함과 신권의 방자함을 극명하게 보여주는 사례입니다. 계비 효정왕후 홍씨가 73세로 승하하자(1904년) 원비 곁에 묻혔습니다. 효정 왕후는 정릉正陵이란 능호를 받았으나, 1904년이면 조선이란 나라가 있는 지 없는 지 혼미한 시절이 아닙니까.

세 개의 무덤은 난간석을 터서 한 방을 쓰는 부부임을 나타냅니다. 아무리 왕 이라해도 한 방에 두 여인을 들여놓지는 않았습니다. 참으로 민망한 모습입니다.

아름다운 신혼방 석복헌에 살던 경빈 김씨도 결국 자식을 낳지 못했습니다. 그 이후 그 여인은 어떻게 되었는지 모릅니다. 이왕 법도를 무시하려면 비록 후궁이지 만 헌종 곁에 안장하여 4연릉으로 조성했다면 죽은 자의 혼령이 크게 기뻐하며 덩 실덩실 춤을 출 것을. 아차, 그런데 혼유석은 따로따로입니다. 각자 자기 자리에서 노닐어야 합니다. 배려할 줄 모르는 후손들의 참을 수 없는 경박함에 분노합니다.

🔵 경릉 景陵

24대 헌종(1827~1849)과 원비 효현왕후 김씨(1828~1843), 계비 효정왕후 홍씨 (1831~1904)를 모신 삼연릉으로, 조선 왕릉 가운데 유일하다. 정면에서 보아 제일 왼쪽 봉분이 헌종의 능, 가운데가 효현왕후, 오른쪽이 효정왕후의 능이다. 동구릉(p.24 참조) 능역 안에 있다.

헌종은 요절한 문조의 아들이며 1834년 순조의 뒤를 이어 왕위에 올랐다. 당시 8세의 어린 나이였으므로 대왕대비 순원왕후 김씨가 수렴청정을 하면서 안동 김씨의 세도정치가 시작되었다. 이로 인해 삼정이 문란해지고 계속된 홍수로 백성들의 생활이 곤궁해졌다. 헌종은 천주교 탄압정책을 폈으며, 1839년 기해박해己亥迫害로 많은 신자들이 학살당했다. 후사 없이 보령 23세로 승하하여 건원릉 서쪽 산줄기에 장사지냈다.

효현왕후는 1837년 왕비에 책봉되어 6년 만에 승하했다. 효정왕후는 효현왕후의 뒤를 이어 1844년 왕비로 책봉되었다. 헌종이 승하하고 철종이 즉위하자 왕대비가 되었다. 1908년 헌종은 성황제成皇帝로 추존되고 효현왕후, 효정왕후도 성황후로 추존되었다.

퀴즈

📖 헌종 때, 사교를 퍼뜨리고 국법을 어겼다는 죄목으로 새남터에서 효수형에 처해진 조선 최초의 신부는?

답) 김대건

토론해봅시다

💬 조선 후기 천주교를 박해하고 배척한 이유에 대해 토론해봅시다.

허수아비 왕의 사랑과 비극

어느 날 갑자기 왕이 되라고요? _

"사또님 살려주세요. 저는 아무 죄도 없습니다. 살려 주세요."

오색 깃발 휘날리며 그를 모시러 온 영의정을 보고 원범이는 땅에 엎드려 연신 사또님 살려달라고 울먹입니다. 만인지상萬人之上 일인지하一人之下라는 영의정을 본 일이 없는 떠꺼머리 시골 총각 원범에게는 고을 사또가 제일 높은 사람입니다.

"이러시면 아니되옵니다. 덕완군德完君 나으리. 어서 일어나시오소서."

한순간에 호칭이 달라졌습니다. 아직 즉위식을 거행하지 않았으니까 '나으리'입니다. 권력의 필요에 의해서 덕완군이라는 군호君號가 대왕대비의 명에 의하여 농사꾼 원범이에게 내려졌습니다. 당황한 영의정 정원용이 예를 갖추며 머리를 조아렸습니다. 이렇게 하여 열아홉 살 무지렁이 총각 원범이가 어느 날 갑자기 왕이 되었습니다.

어느 편에서 먼저 왕을 만드느냐, 초읽기! _

1849년, 24대 헌종이 후사 없이 갑자기 승하하자 왕실과 조정이 발칵 뒤집혔습니

제25대 철종 가계도

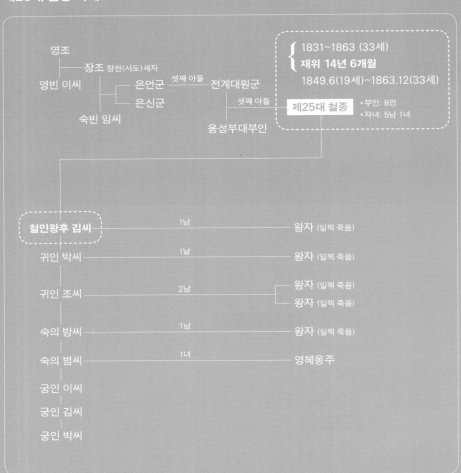

영조

　　장조 장헌(사도)세자

영빈 이씨

　　　　　　은언군　셋째 아들　전계대원군

　　　　　　은신군　　　　　　　셋째 아들

숙빈 임씨

　　　　　　　　　　　　　　용성부대부인

{ 1831~1863 (33세)
재위 **14년 6개월**
1849.6(19세)~1863.12(33세)

제25대 철종
• 부인: 8명
• 자녀: 5남 1녀

철인왕후 김씨 ——— 1남 ——— 왕자 (일찍 죽음)

귀인 박씨 ——— 1남 ——— 왕자 (일찍 죽음)

귀인 조씨 ——— 2남 ——— 왕자 (일찍 죽음)
　　　　　　　　　　　　왕자 (일찍 죽음)

숙의 방씨 ——— 1남 ——— 왕자 (일찍 죽음)

숙의 범씨 ——— 1녀 ——— 영혜옹주

궁인 이씨

궁인 김씨

궁인 박씨

다. 왕위를 계승할 적자嫡子가 없었기 때문입니다. 이때 왕실의 최고 웃어른인 대왕대비가 팔을 걷고 나섰습니다. 대왕대비 순원왕후 김씨(23대 순조의 비)는 김조신의 딸로 조선조 말 세도정치의 아성을 구축한 안동 김씨였습니다.

순원왕후를 축으로 하는 안동 김씨와, 순조의 장남 효명세자(익종)비 신정왕후를 축으로 하는 풍양 조씨는 어느 쪽에서 먼저 왕을 내느냐 하는 문제로 신경을 곤두세웠습니다. 이는 어느 한 개인의 이해利害가 아니라 가문의 영광이냐 몰락이냐 하는 중차대한 문제였습니다. 조정의 권력을 틀어쥔 풍양 조씨와 안동 김씨는 각을 세워 대립하는 라이벌입니다.

종친부를 꺼내놓고 찾아보니 정조대왕(22대)의 아우인 은언군恩彦君의 손자 원범이가 떠올랐습니다. 안동 김씨의 좌장격인 김문근과 대왕대비는 지체 없이 원범을 택했습니다. 직계혈통에 마땅한 사람도 없었지만 정치적인 배경이 있거나 성군이 될 여지가 있는 똑똑한 사람보다도 강화도에서 농사짓고 있는 원범이가 더할 나위 없이 좋은 적임자였습니다. 또한 풍양 조씨에게 선수를 빼앗기지 않으려면 촌각을 지체해서도 안 되는 일이었습니다.

신하가 임금을 정하다 _

대왕대비의 명이 떨어졌습니다. 종묘사직을 이어갈 왕으로 원범이를 택한다는 교지입니다. 이게 바로 택군擇君입니다. 임금이 신하를 임명하고 면직시키는 것이 아니라 신하가 군왕을 선택하는 기가 막힌 처사입니다. 비록 대왕대비의 명을 거치는 요식행위를 거쳤지만 신하가 임금을 선택한다는 것은 권위를 기반으로 군림하는 왕실로서는, 몰락으로 가는 급행열차를 타는 것입니다.

안동김씨에 의해 간택(?)된 원범은 사도세자의 서자이자 정조대왕의 아우인 은

265

예릉 전경

언군의 손자입니다. 할아버지 은언군이 천주교 신자라는 이유로 사형당하고 아버지 전계군은 원경, 경응, 원범, 세 아들을 두었는데 큰아들 원경은 민진용의 모반 사건에 연루되어 사형 당했습니다. 이에 놀란 아버지 전계군은 두 아들을 데리고 한양을 빠져나와 강화도에 숨어들었습니다.

떠꺼머리 총각 원범과 섬 처녀 영순이의 사랑은 길지 못했습니다 _

글을 읽고 깨우치는 것은 죽음으로 가는 지름길이라고 생각한 아버지는 원범에게 글을 가르치지 않고 농사꾼 노릇을 하게 했습니다. 아버지와 어머니마저 천주교 신 자라는 이유로 잃고 작은형마저 죽자 원범은 고아가 되었습니다. 외톨이가 된 원 범에게 따뜻한 마음을 전해준 여인이 있었으니 복녀라는 애칭으로 불리는 영순이었습니다.

1849년 6월 5일, 영의정 정원용이 이끄는 제왕 봉영 일행이 갑곶나루를 건너 강화도에 들이닥쳤습니다. 깃발을 앞세우고 진해루(동문)를 통과하여 들어오는 일행을 발견한 원범은 자기를 잡으러온 것으로 착각하고 산으로 숨었습니다. 난감해진 것은 한양에서 강화까지 온 봉영 일행이었습니다. 이틀 밤을 강화유수 관아에서 묵은 일행은 대책 마련에 부심했습니다.

강화유수 정기세는 몸 둘 바 몰랐습니다. 한양에서 봉영 일행을 이끌고 강화까지 행차한 정원용은 관직으로는 하늘같이 떠받들어야 하는 영의정이고 사적으로는 아버지입니다. 한양에서 내려온 일행이 불편하지 않게 보살피고 임금을 모셔가는 일이 매끄럽게 진행되어야 출세 길도 열릴 텐데, 원범이가 산 속에 숨어 나오지 않으니 답답할 노릇입니다.

섬처녀의 꿈은 물거품이 되고 _

마지막 수단으로 영순이에게 매달렸습니다. 강화유수는 영순이를 설득했습니다. 영순이는 고민했습니다. 유수의 말처럼 '원범이가 왕 노릇 하러 한양으로 가면 나는?'이라는 의문에 답이 없었습니다. 가진 것은 없었지만 마음씨 착한 원범이의 각시가 되어 아들 딸 낳고 알콩달콩 살겠다는 순진한 섬 처녀의 꿈은 물거품이 되었습니다. 원범이의 운명은 정해진 수순에 따라 진행되었습니다.

왕은 싫어! 그냥 막 놀기만 할거야! _

대왕대비의 리모콘에 의해 얼떨결에 왕위에 오른 이가 철종입니다. 3년간 수습기간

(수렴청정)을 마치고 막상 친정을 시작했지만 왕으로서의 역량도, 의지도, 충성스런 참모도 없었습니다. 정신이 들어 나름대로 백성을 위하고 선정을 펴려고 애썼으나 안동 김씨의 고용 사장이란 굴레를 벗을 수 없었습니다. 은밀한 조언자 역할을 해줄 왕비조차 안동 김씨 김문근의 딸이었습니다.

그래, 왕노릇 포기하자. 마음을 비우니 그의 세상에는 쾌락 천국이 대령되었습니다. 대궐에 있는 여자는 모두 왕의 여자입니다. 여색을 마구 탐한들 누가 딴지를 걸까요. 오히려 히히덕거리며 그것을 부추기는 세력이 득실거립니다.

정비 철인왕후 외에 공식 후궁을 7명이나 두었습니다. 기록에 없는 하룻밤 풋사랑의 여인들이 얼마나 되었는지는 알 수 없습니다. 결국 여색에 빠져 요통에 걸려 누웠다가 33세로 승하했습니다. 슬하에 5남1녀를 두었으나 아들은 모두 'ㅇㅇ군'이란 이름도 얻지 못하고 요절했습니다. 여기에도 어찌 음모가 없었을까요. 단 하나 살아남은 딸, 영혜옹주는 갑신정변의 주역인 개화파 박영효에게 시집갔으나 몇 달 살지 못하고 죽었습니다.

영순이는 영화 속에만 남고 _

원범이를 한양으로 떠나보낸 영순이는 매일같이 해질녘이면 갑곶나루터에 나가 원범이가 돌아오기만을 기다렸습니다. 하지만 기다려도, 기다려도, 원범이는 돌아오지 않고 무심한 갈매기가 끼룩끼룩 울어댈 때 영순이도 같이 울었습니다. 그후 영순이는 어떻게 살다죽었는지 모릅니다. 고인이 된 신상옥 감독은 그녀에 대한 진혼곡 삼아, 영화(철종과 복녀)에서 철종이 그녀를 궁궐로 불러 재회하는 장면을 삽입했습니다.

예릉睿陵

25대 철종(속명 이원범, 1831~1863)과 비 철인왕후 김씨(1837~1878)의 쌍릉으로, 서삼릉(p.26 참조) 능역 안에 있다.

다음 대인 고종과 순종이 황제릉의 형식으로 조성되었기 때문에 예릉은 조선조 왕릉 형식의 마지막 능이다.

예릉의 상설제도를 보면 왕과 왕비릉의 봉분은 난간석으로 연결되어 있고, 병풍석은 설치하지 않았다. 또한 장명등의 위치가 혼유석과 많이 떨어져 있는 것을 제외하고는 전형적인 왕릉의 틀을 유지하고 있다.

퀴즈

🔲 1860년(철종11년) 최제우가 창도한, 당시 백성들의 큰 호응을 받았던 종교는?

답) 동학

토론해봅시다

◇ 철종 대는 지배층에 의한 농민 수탈에 극심했다. 농민 수탈은 전정(田政), 군정(軍政), 환곡(還穀) 등 삼정의 문란으로 요약된다. 이것에 대해 토론해봅시다.

제26대 고종 가계도

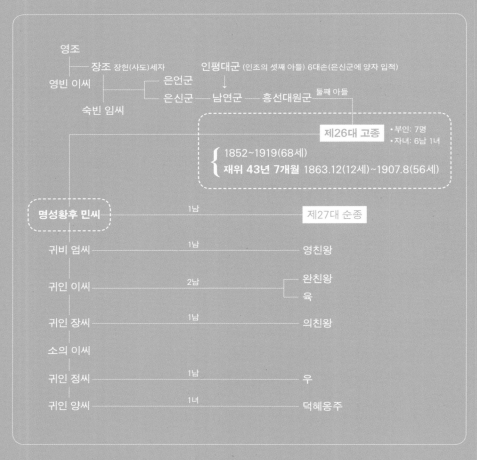

영조

ㅡ 장조 장헌(사도)세자

영빈 이씨

숙빈 임씨

ㅡ 은언군

ㅡ 은신군

인평대군 (인조의 셋째 아들) 6대손(은신군에 양자 입적)

은신군 ㅡ 남연군 ㅡ 흥선대원군 ㅡ 둘째 아들

제26대 고종
- 부인: 7명
- 자녀: 6남 1녀

1852~1919(68세)

재위 43년 7개월 1863.12(12세)~1907.8(56세)

명성황후 민씨 ———— 1남 ———— 제27대 순종

귀비 엄씨 ———— 1남 ———— 영친왕

귀인 이씨 ———— 2남 ———— 완친왕 / 육

귀인 장씨 ———— 1남 ———— 의친왕

소의 이씨

귀인 정씨 ———— 1남 ———— 우

귀인 양씨 ———— 1녀 ———— 덕혜옹주

대원군의 아들, 명성황후의 남편이라고
부르지 마시오

왕의 시대가 끝나고 황제의 시대를 선포했으나 _

42기의 조선 왕릉 중 홍릉(고종 능)과 유릉(순종 능)에만 없는 것은 뭘까요? 답은 정자각丁字閣입니다. 정자각은 태조의 건원릉부터 25대 철종의 예릉까지, 모든 왕릉에서 공통적으로 찾아볼 수 있는 건축물입니다. 왕릉 입구인 홍살문과 봉분 사이에 자리합니다.

　선대왕의 제사를 모시던 정자각은 조선 왕릉의 핵심 구조물입니다. 평면이 '丁(정)' 자 모양이라 '정자각'이라는 이름이 붙었습니다. 그런데 홍릉과 유릉에는 정자각 대신 'ー' 자 모양 침전寢殿이 있습니다. 왜 그럴까요? 이유는, 1897년 대한제국의 선포에 있습니다. 고종은 조선이 중국과 대등한 나라임을 선포하고 황제가 됐습니다. 이후 왕릉 형식도 'ー' 자 모양 침전이 있는 중국 황제릉과 비슷해졌습니다.

　1897년 고종은 국호를 대한제국으로 바꾸어 왕을 황제라 칭하고, 연호를 광무라 했습니다. 고종은 황제 폐하입니다. 그러나 여러 제후국의 왕들을 거느린 제국의 황제가 아니라 침몰해가는 조선국 돛단배의 외로운 황제입니다. 그렇게라도 격상해서 조선 함대를 일으켜 세우려는 몸부림에서 나온 눈물겨운 황제 폐하입니다.

일부러 시정잡배들과 어울려 방탕한 생활을 한 아버지가 아들을
왕위에 올리다 _

고종은 흥선대원군 이하응과 여흥순목대원비 민씨의 둘째 아들입니다. 순종, 헌종, 철종 3대에 걸쳐 막강한 세도정치를 펼치던 안동 김씨 일파는, 철종의 후사가 없자 뒤를 이을 국왕 후보를 두고 왕손들을 경계했습니다. 흥선군 이하응은 안동 김씨의 화禍의 표적이 되는 것을 피해 시정잡배들과 어울리며 방탕한 생활을 하며 몸을 낮추고 있었습니다. 심지어 안동 김씨 가문을 찾아다니며 구걸을 하기도 했습니다.

　이런 호신술 덕분에 목숨을 부지한 흥선군은 철종의 죽음이 임박하자 궁중 최고 어른인 헌종의 모후 조대비와 연줄을 맺어 자신의 둘째 아들 명복命福이를 왕위에 앉히려 합니다. 조대비 역시 그동안 안동 김씨의 세도에 짓눌려 지냈기에 의기투합했습니다.

황실 가족, 왼쪽부터 영친왕·순종·고종·귀비 엄씨·덕혜옹주

1863년 12월 8일, 철종이 승하하자 조대비는 재빨리 흥선군의 둘째 아들 명복이를 양자로 삼아 익종의 대를 이은 왕통을 설정하여 대통을 계승하도록 지명했습니다. 명복을 익성군에 봉하고 관례를 거행, 12월 13일 국왕에 즉위케 합니다. 전광석화 같은 작전이었습니다.

이때 고종의 나이 12세였습니다. 고종 역시 철종과 마찬가지로 정식 제왕수업을 받고 즉위한 왕이 아닙니다. 세력 간 경쟁에서 엉겁결에 떠밀려서 옥좌에 앉은 왕입니다. 왕의 앞날에 놓인 것은 수렴청정과 섭정의 굴레였습니다. 조대비가 수렴청정을 하고 흥선군을 흥선대원군으로 높여 섭정의 대권을 위임했습니다. 그 후 대원군은 10년 동안 권력을 쥐고 자신의 의지대로 정사를 운영했습니다.

명성황후가 등장하다 _

한편, 1866년(고종3년) 3월 20일, 흥선대원군의 부인인 부대부인府大夫人 민씨의 천거로 민치록의 딸을 왕비로 책봉되니 이가 곧 명성황후(황제의 비이기 때문에 왕후가 아니라 황후)입니다. 여덟 살 어린 나이에 부모를 여의고 혈혈단신 고아로 자란 민씨가 왕비로 간택된 것은 이유가 있습니다. 순조(23대), 헌종(24대), 철종(25대), 3대에 걸쳐 60여 년간 세도정치의 폐단과 독선을 경험한 바 있어 외척이 적은 부대부인 민씨의 집안에서 왕비를 맞아들여 외척이 날뛰는 것을 막아보겠다는 대원군의 계산 때문입니다. 그러나 훗날, 시어머니에 의해 천거되고 시아버지에 의해 발탁된 며느리는 시아버지와 첨예한 대립각을 세웠으니 역사와 운명은 눈 밝은 선지식이 아니면 알 수 없습니다.

고종이 20세 성인이 되자 친정親政의 의욕을 강하게 나타냈습니다. 거기에다 고종 비 민씨가 노대신들과 유림들을 앞세워 대원군의 하야野 공세를 벌였습니다.

1873년(고종 10년) 마침내 고종이 친정을 시작하지만 사실상 정권은 민씨의 척족들이 장악합니다. 대원군이 그토록 우려했던 외척정치가 또다시 시작되었습니다.

근대사의 격랑에 휩쓸리고 _

고종은 보수 세력과 일부 개화파들을 끌어들여 광무개혁을 추진했습니다. 그러나 1904년 러일전쟁에서 승리한 일본은 영일동맹, 가쓰라-태프트 밀약을 통해 미국과 영국으로부터 조선의 식민지화를 승인받았습니다. 또한 일본은 1904년 제1차 한일협약, 1905년 을사조약(을사늑약)을 체결하여 외교권 박탈과 내정간섭을 본격화했습니다. 이에 고종은 1907년(광무 11) 헤이그 만국평화회의에 밀사를 파견하여 일본침략의 부당성과 을사조약 무효를 세계에 호소하려 했으나 실패했습니다.

그해에 일본은 고종을 강제로 퇴위시키고 순종을 즉위시켰습니다. 1910년 식민지가 된 이후에는 이태왕으로 불리다가 1919년 1월 21일 68세로 승하했습니다. 이 때 전국 각지에 그가 일본인에 의해 독살당했다는 소문이 퍼져 거족적인 분노를 자아냈습니다.

슬픔과 분노 속에 치러진 그의 장례식날인 3월1일, 거족적인 3·1만세운동이 일어났습니다.

홍릉 – 참도와 임자각

🌑 홍릉洪陵

26대 고종(1852~1919)과 명성황후(1851~1895)의 합장릉으로, 경기도 남양주시 금곡동 141-1 홍유릉 내에 있다. 27대 순종과 순명효황후 민씨, 순정효황후 윤씨의 묘소인 유릉을 합하여 홍유릉이라 부른다.

고종은 1919년 1월 21일 덕수궁 함녕전咸寧殿에서 68세로 승하, 같은 해 3월 3일 남양주시 금곡동에 초장봉릉初葬封陵되었다. 명성황후 민씨는 1895년 8월 20일, 경복궁에서 일본 낭인浪人들에게 시해 당했다. 1897년 11

||||| 사적 제207호
||||| 면적 120만9,166㎡ (36만6,414평)

월 22일 한성부 동부 인창방仁昌坊 청량리(현 숭인원)에 처음 장사지냈으며, 1919년 1월 16일 현재 위치로 능을 옮겼다.

능 상설象設의 특징은 고종이 대한제국을 선포함에 따라 황제가 되었으므로 능역 조성도 명나라 태조의 효릉孝陵 방식을 따랐다. 따라서 지금까지 없었던 구조물이 대폭 확장되었다.

즉, 능침의 호석護石인 석양과 석호 대신 능침 앞에서부터 기린·코끼리·사자·해치·낙타 각 1쌍, 마석馬石 2쌍을 2단의 하대석 위에 올려놓았다. 또, 종래의 정자각 대신 일자형一字形의 정면 5칸, 측면 4칸의 침전寢殿을 세웠으며, 문인석의 금관조복金冠朝服과 무인석의 성장盛裝이 강조되었다.

퀴즈

📄 운요호 사건 이후 일본의 요청으로 1876년 강화도에서 맺은 조약은?

　답) 병자수호조약

토론해봅시다

🔍 고종이 조선을 '대한제국'으로 국호를 변경, 선포한 이유와 그 효과에 대해 토론해봅시다.

천인공노天人共怒란 말이 부족하다, 명성황후 시해弑害

을미년 10월 8일 새벽 _

일본공사관 밀실에서 미우라 공사, 스기무라 후카시(공사관 서기), 오카모토 류스노케(공사관부무관 겸 조선군부고문), 구스노세 사치히코(포병중좌) 등이 황후 시해에 관한 구체적인 음모를 확정했습니다. 이 시기 고종과 명성황후는 일본의 의도를 간파하고 있었습니다. 그래서 거처를 경복궁에서 가장 북쪽에 있는 건청궁으로 옮겼습니다.

그리고 궁궐에 외국인이 있으면 그들의 눈을 의식해 일본이 함부로 하지 못할 것이라 생각하고 경복궁 내에 서양식 건물을 짓고 외국인들이 머물게 했습니다. 이 서양관은 궁궐 수비 책임을 맡았던 몇몇 미국인과 유럽인들의 생활공간이었습니다. 명성황후 시해 사건도 그날 숙직이었던 외국인이 없었다면 일본의 만행은 감쪽같이 숨겨졌을 것입니다.

작전명 '여우사냥' _

고종과 명성황후는 친일 세력인 훈련대를 해산시키고자 했습니다. 마침내 시해사건 하루 전 훈련대 해산 명령이 떨어졌습니다. 이에 위기의식을 느낀 미우라 공사는 작전명 '여우사냥'을 이틀 앞당겨 시행했습니다.

1895년 10월 8일 새벽 5시, 궁궐의 정문인 광화문에서 총성이 울렸습니다. 이것이 신호탄이었습니다. 살기등등한 낭인浪人들로 구성된 암살단은 궁궐의 추성문秋成門: 북서문, 춘생문春生門: 북동문 두 갈래로 나뉘어 공격했습니다.

궁궐 전방과 후방에서 예상치 못한 습격을 받자 궁궐은 아수라장이 되었습니다. 수비대는 제대로 싸우지도 못하고 15분 만에 일본군에 의해 진압되었습니다. 총성이 울린 시각으로부터 마무리되는 시간까지 불과 45분 걸렸습니다. 수비대가 순식간에 무너진 것은 그들이 일본과 내통하고 있었기 때문입니다.

궁궐문을 뚫고 들어온 일본 군대는 바로 건청궁으로 들이닥쳤습니다. 건청궁 서편에는 고종의 침전인 장안당, 황후의 침전인 옥호루는 그 동쪽에 있습니다. 곧 이어 40~50명의 일본인 패거리들이 옥호루를 에워싸고 황후 수색에 혈안이 되었습니다. 명성황후가 시해 된 장소가 바로 옥호루입니다.

난입한 일제 낭인들은 조선의 국모인 명성황후를 처참하게 시해하고 시신을 불태우는 만행을 저질렀습니다. 천인공노할 짓입니다. 그럼에도 불구하고 일본은 오늘날까지 손바닥으로 하늘을 가리듯 일본과는 무관한 사태라고 발뺌하고 있습니다.

명성황후 생가

시해사건의 증거들 _

전 모스크바 대학 박종효 교수가 1995년 러시아 외무부 문서보관소에서 명성황후 시해사건의 증거를 찾아냈습니다.

　이 문서는 당시 카를 이바노비치 웨베르Karl I Waeber 주조선 러시아 대리공사가 명성황후 시해사건의 전말을 기록한 A4 용지 3백장에 이르는 방대한 분량입니다. 이 보고서에는 사건 발생 직후 고종이 발표한 성명서, 전 대한제국 러시아 공사 이범진李範晉, 당시 궁정경비대 부령이었던 이학균李學均, 한 상궁, 사건 현장을 직접 목격한 러시아인 건축기사 세르진 사바틴A. J. Scredin Sabatine 등 당시 궁궐 내에 있었던 사람들의 증언록, 주한 외교 공사들의 회의록과 당시 신문자료 등 다각도의 정보와 증거 자료가 첨부되어 있습니다.

시해 현장에서 일본 행동대와 맞닥뜨린 러시아 건축기사 사바틴의 증언 _

'새벽 5시경 궁궐 서쪽에서 총소리가 들려 황후의 처소로 급히 가니 25명 가량의 일본 낭인들이 누군가를 찾고 있었다. 그 중 절반이 황후의 방으로 들어갔다. 내가 뜰에 서 있는 동안 일본인들은 10~12명 가량 되는 여인들의 머리채를 끌고 와 마당으로 이들을 내던졌다. 마당에 나뒹구는 여인들은 신음 소리조차 내지 못했다.

　황후가 상궁 옷을 입고 상궁 무리 안에 섞여있어 누가 황후인지 알아볼 수 없자 일본 낭인들은 한 명씩 끌어내 2.5m 높이에서 아래로 떨어뜨렸다. 두 명이 떨어진 뒤 황후가 복도를 따라 도망가자 일본 낭인들이 쫓아가 발을 걸어 넘어뜨린 뒤 가슴을 세 번 짓밟고 칼로 가슴을 난자했다. 몇 분 후 시신을 소나무 숲으로 끌고 갔으며 얼마 후 그 곳에서 연기가 피어오르는 것을 보았다.'

명성황후 거처이자 시해된 옥호루

한 상궁의 증언 _

'왜인들이 황후와 궁녀들이 있는 방으로 들이닥쳤다. 그들은 궁녀들을 밀치며 황후가 어디에 있느냐고 물었다. 황후는 여기에 없다라고 대답했다. 그러자 왜인들은 옥호루 아래로 궁녀들을 집어 던졌다. 이때 황후가 복도로 도망쳤고, 한 왜인이 황후를 따라잡았다. 그는 황후를 마룻바닥에 넘어뜨리고 가슴을 발로 짓밟았다. 그리고는 칼로 가슴을 내리 찔렀다.'

역사는 이것을 을미사변이라 부릅니다.

아! 명성황후!

총명했던 여인, 시아버지와 정적이었던 여인, 책략과 수완이 능란했던 여인은 그해 10월10일, 신원伸寃되어 태원전에 빈전이 설치되고 국장에 의해 숙릉에 안치되었습니다. 1897년 대한제국 수립 선포 후 민비는 명성황후로 추존되었습니다. 그해 11월21일, 능을 청량리 천장산 아래로 이장하여 능호를 홍릉이라 했습니다. 고종은 홍릉에 잠든 명성황후를 보러가기 위해 종로에서 청량리까지 전차길을 놓기도 했으나 홍릉이 길지가 아니라는 풍수설이 대두되어 천장론이 일었습니다.

1919년, 고종이 승하하자 남양주시 금곡에 능역을 잡고 산역공사를 시작했습니다. 같은 시각 청량리 홍릉에서도 능을 파기 시작했습니다. 2월 16일 명성황후가 먼저 금곡으로 이장되었습니다. 3월4일 전날 발인한 고종은 명성황후와 합장되었습니다. 그들은 21년 만에 지하에 함께 잠들었습니다.

망국의 황제는 능호도 없습니다. 홍릉은 부인 명성황후의 능호입니다.

퀴즈

📄 을미사변 이후 신변의 위협을 느낀 고종은 러시아와 은밀히 연락해서 1896년 2월 러시아 영사관으로 피신한 사건은?

답) 아관파천

토론해봅시다

💭 일본이 명성황후를 경계하고 미워해서 급기야 암살하는 만행을 저질렀다. 그 이유에 대해 토론해봅시다.

마지막 황제의 선물,
6.10만세운동

식민지 조선국의 마지막 황제 _

신하나 백성들이 황제를 칭할 때 폐하陛下라고 합니다. 하늘의 아들(천자)이 땅에 내려오셔서 높은 계단陛 위에 계신다. 워낙 높으신 분이라 감히 마주 대할 수 없고 단지 돌계단 아래서 알현할 수 있으니 '폐하'입니다. 후삼국, 고려 중기까지 이 땅의 왕들은 폐하라는 칭호를 들었으나 원나라 속국으로 전락한 이후는 격하시켜 전하殿下로 불렸습니다. 전殿은 왕이 거처하는 궁궐입니다.

전하殿下, 합하閤下, 각하閣下 등은 집의 규모와 품계에 따른 호칭입니다. 서열은 이렇습니다. 전殿-당堂-합閤-각閣-재齋-헌軒-루樓-정亭의 순입니다. 사찰의 대웅전大雄殿은 대웅 즉 위대한 영웅인 부처를 모신 집이란 의미입니다.

홍유릉은 일제의 계략으로 흉지에 택지되었습니다 _

순종은 자서전도, 제작된 영화도 없습니다. 왕릉은 천하 명당이라는 통설도 깨졌습니다. 홍유릉을 택지한 사람들의 면면을 살펴보면 답이 나옵니다. 유주현의 소설 '

조선총독부'에는 이곳 택지를 고영희가 잡았다고 하며, 당시 조선총독부 자료집인 '조선의 풍수'에는 주운한, 김광석, 전기웅 등이 선정했다고 나옵니다.

고영희는 친일파로 1910년 나라를 팔아먹은 대신 중 한 사람입니다. 나머지 사람들은 풍수장이들로 총독부 이왕직李王職, 왕실 재산 관리부서의 직원들이었습니다. 총독부 이왕직 풍수장이들이 저지른 가장 큰 만행은 우리 민족의 정기를 말살하려고 한반도 산천 곳곳에 산재한 쇠말뚝 박을 지점을 총독부에 알려준 것입니다. 북한산에는 쇠말뚝이 수두룩합니다. 지금도 전국 각지에서 가끔 발견됩니다. 물론 발견하는 대로 뽑아버립니다.

그런 자들이 홍유릉을 명당에 택지할 리 없습니다. 순종은 슬하에 자녀가 없습니다. 조선의 운명과 같이 절손絶孫되었습니다.

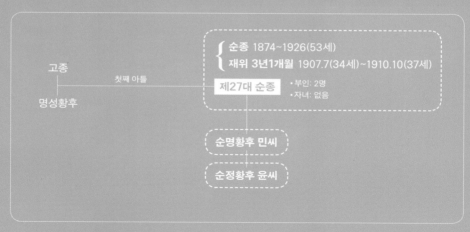

제27대 순종 가계도

고종
명성황후

첫째 아들

{ 순종 1874~1926(53세)
{ 재위 3년1개월 1907.7(34세)~1910.10(37세)

제27대 순종
• 부인: 2명
• 자녀: 없음

순명황후 민씨

순정황후 윤씨

유릉의 석물들

제국의 멸망을 지켜만 봐야하는 황제 _

순종은 탄생 다음 해 2월에 왕세자로 책봉되었고, 1882년에 민씨(뒷날의 순명황후)를 세자빈으로 맞았습니다. 1897년 대한제국의 수립에 따라 황태자로 책봉되었습니다. 1904년 새로이 윤씨를 황태자비로 맞이하였습니다.

1907년 7월에 일제의 강요로 왕위를 물러나게 된 고종의 양위를 받아 대한제국의 황제로 즉위하였고, 연호를 융희隆熙로 고쳤습니다. 동생인 영친왕英親王을 황태자로 책립하였고, 거처를 덕수궁에서 창덕궁으로 옮겼습니다.

순종을 허수아비 황제로 만들어 버린 이토伊藤博文가 본국으로 돌아간 뒤 소네曾彌荒助를 거쳐 군부 출신의 데라우치寺內正毅가 조선통감으로 부임해 온 후 일본은 대한제국의 숨통을 끊고자 더욱 거센 공작을 펼쳤습니다.

순종 황제 국장 모습(이전까지는 사진이 없었다)

일제는 1909년 7월, 각의閣議에서 '한일합병 실행에 관한 방침'을 통과시켰습니다. 그리고 한국과 만주문제를 러시아와 사전 협상하기 위해 이토를 만주에 파견했습니다. 그가 하얼빈에서 안중근 의사에 의하여 포살되자 이를 기화로 한반도 무력 강점을 실행에 옮겼습니다.

일제는 이러한 침략 의도에 부화뇌동하는 친일매국노 이완용·송병준·이용구 등을 중심한 매국단체 일진회一進會를 앞세워, 조선인의 원願에 의하여 조선을 합병한다는 미명 하에 1910년 8월 29일, 마침내 이른바 한일합병조약을 성립시켜 대한제국을 멸망시켰습니다.

마지막 황제의 폐위

순종 주변에는 친일매국대신과 친일내통분자만이 들끓고 있었기 때문에 왕권을 제대로 행사하지 못했습니다. 대한제국이 일제의 무력 앞에 종언을 고한 뒤, 순종은 황제에서 왕으로 강등되었습니다. 창덕궁 이왕昌德宮 李王으로 예우하고 왕위의 허호虛號는 세습되도록 조처되었습니다.

폐위된 순종은 창덕궁에 거처하며 망국의 한을 달래다 1926년 4월 25일에 승하했습니다. 6월에 국장을 치러 경기도 남양주시 금곡동의 유릉裕陵에 안장되었습니다.

마지막 황제의 절규

순종의 인산례因山禮를 기해 6·10독립만세운동이 전국적으로 전개되었습니다. 그가 남긴 한 맺힌 유언이 조선 천지를 흔들었습니다. 그의 혼백이 천지를 진동시켰습니다.

"목숨을 겨우 보존한 짐은 병합 인준 사건을 파기하기 위하여 조칙(임금이 백성들에게 내리는 명령이나 널리 알릴 내용을 적은 문서)하노라. 지난날의 병합 인준은 강린(일본)이 역신의 무리(이완용 등)와 더불어 제멋대로 만들어 선포한 것이요, 짐이 한 바가 아니도다.

나를 유폐하고 협박하여 나로 하여금 말을 할 수 없게 만들었다. 고금에 어찌 이런 도리가 있으리오. 짐이 구차히 살며 죽지 않은 지가 작금에 17년이라. 종사의 죄인이 되고 2천만 백성의 죄인이 되었으니, 이 목숨이 꺼지지 않는 한 잠시도 잊을 수 없도다.

지금 병이 중하니 이 말을 하지 않고 죽으면 죽어서도 눈을 감지 못하리라. 이 조칙을 중외에 선포하여 짐이 최애最愛, 최경最敬하는 백성으로 하여금 병합은 내가 한 것이 아님을 알게 하면 이전의 병합 인준과 양국의 조칙은 무효가 되고 말 것이라. 만백성이 노력하여 광복하라. 짐의 혼백이 도우리라."

순종 폐하시여! 이제는 국권도 회복되었고 세계 10위권의 경제대국이 되었사옵니다. 월드컵, 올림픽에서 일본을 눌렀습니다. 한을 푸시고 편히 쉬소서.

🌑 유릉裕陵

조선왕조 마지막 왕 27대 순종(1874~1926), 순명황후 민씨(1872~1904), 순정황후 윤씨(1894~1966)의 3인 합장릉으로, 조선의 마지막 왕릉이며 유일한 동봉3실의 합장릉이다. 홍유릉(p.276 참조) 능역 안에 있다.

순종은 1926년 4월 25일 대조전大造殿에서 53세로 승하해 같은 해 6월 11일 이곳에 초장봉릉되었다. 순명효황후 민씨는 1904년 9월 28일 경운궁 강태실康泰室에서 33세로 승하하여 같은 해 11월 29일 양주군 용마산 내동 현재 어린이대공원 경내에 초장되어 유강원裕康園이라 하였다. 1907년 황후로 추봉되고 능호도 유릉으로 했으며, 1926년 6월 5일 이곳에 천릉되었다. 순정효황후 윤씨는 1966년 1월 13일 73세로 죽어 이곳에 묻혔다.

능의 상설로 홍살문과 석물 침전은 일직선상이나 능침은 옆으로 비꼈으며, 국권을 상실한 일제 때 조성된 능이라석물들이 사실적이긴 하나 표정은 묘하다. 문인석은 무표정에 인색한 느낌을 준다. 무인석의 눈은 겁에 잔뜩 질려 있다.

퀴즈

📄 1907년 일본은 고종을 강제로 퇴위시키고 순종을 즉위케 한 결정적 사건은?

답) 헤이그 밀사사건

토론해봅시다

💬 1910년 8월 29일 일본은 한일합병조약으로 대한제국을 멸망시켰다. 이완용, 송병준, 이용구 등 당시 친일 세력의 역할에 대해 토론해봅시다.

왕릉 순례는
'왕들의 삶과 역사'와의 만남입니다

최상의 법문은 죽음입니다. 불교에서는 죽음을 일컬어 '열반' 혹은 '적멸'이라 합니다. 죽음은 숙연한 축제입니다. 죽음은 화해와 화합입니다. 살아있는 모든 것들에 대한 경고이자 교훈입니다.

왕은 죽지 않았습니다. 아니 죽지 못합니다. 육신은 소멸되었으나 행적은 불멸입니다. 잊혀지길 원해도 잊혀질 수 없는 시퍼런 역사로 살아 있습니다. 피를 동반한 야심과 패기로 권좌에 올랐든, 얼김에 떠밀려서 왕이 되었든 불멸의 이름을 달고 높다란 봉분 이불 아래 누워 있습니다.

왕릉 순례는 '죽음과 역사'라는 두 가지 화두와의 만남입니다. 사색과 성찰, 휴식과 운동이란 부가가치도 뒤따릅니다. 조선 왕릉은 왕조 500년 역사의 타임캡슐입니다. 대부분 경복궁을 중심으로 100리 안에 있습니다. 후손들에게 남긴 최고의 선물입니다.

그러나 그 선물은 달콤한 케이크가 아닙니다. 그렇다고 쓰디쓴 쑥물도 아닙니다. 낙화분분한 봄날에는 영화榮華의 가마에 동승하고 비바람, 눈보라 치는 계절에는 권력무상, 인생무상의 하중에 어깨가 무겁습니다.

역사는 살아있는 교훈이자 화해의 축제입니다. 500년 조선의 역사를 생생하게 증명하고 있는 것이 왕릉입니다. 그곳에는 봄이면 파란 잔디가 새롭게 돋고 가을에는 단풍 치장이 현란합니다. 눈보라치는 날엔 절해고도의 면벽 수행자처럼 의연합니다.

그 속에는 영광을 물려준 이도 있고 치욕을 유전한 이도 있습니다. 그러나 우리에겐 대등한 조상입니다. 조상은 선택할 수 있는 대상이 아닙니다. 의연히 받아들여할 운명입니다. 그들이 물려준 영욕을 딛고 지금 대~한민국에 우리가 있습니다. 선택이 아닌 운명으로 대~한민국에 우리가 있습니다. 조상이 물려준 불굴의 DNA를 담고 이 땅에 살고 있습니다. 어떤 어려움이 닥쳐도 왕들의 외호가 있을 것입니다.

2년 동안 왕릉답사를 하면서 내 키가 커진 느낌입니다. 가슴도 넓어졌습니다.

참고문헌

조선왕조실록

국조오례의

한국민족문화대백과사전

엠파스 한국학

김영태, 〈한국불교사 개설〉, 경서원, 1986.

한국문원 편집실 〈왕릉기행으로 엮은 조선왕조사〉, 한국문원, 1995.

〈구리시지-역사와 문화유산〉, 구리시, 1996.

가마다 시게오, 〈한국불교사〉, 신현숙 역, 민족사, 1998.

장영훈, 〈왕릉풍수와 조선의 역사〉, 대원사, 2000.

장영훈, 〈왕릉이야말로 조선의 역사다〉, 도서출판 담디, 2005.

문화재청, 〈조선왕릉 답사수첩〉, 미술문화, 2006.

박영규, 〈한권으로 읽는 조선왕조실록〉, 웅진 지식하우스, 2006.

한성희, 〈여기자가 파헤친 조선왕릉의 비밀〉, 솔지미디어, 2006.

조선 역대 27대왕 재위 기간

조선의 왕들은 얼마나 오래 살았을까? 왕위에 있었던 기간은? 자식은 몇 명이나 두었을까? 부인은 몇 명이나 되었을까? 이런 궁금증을 가지면 재미있습니다. 정리해서 도표로 만들었습니다.

주요 통계

❶ 평균수명: 47세

❷ 평균 재위기간: 19년

❸ 최장 재위: 21대 영조 = 51년7개월

❹ 최단 재위: 12대 인종 = 9개월

❺ 최연소 즉위: 24대 헌종 = 8세

❻ 최고령 즉위: 1대 태조 = 58세

❼ 8세 즉위: 1명(24대 헌종), 11~19세 즉위: 12명, 20~29세 즉위: 3명,
30~39세 즉위: 9명, 40~49세 즉위: 1명(2대 정종), 50세 이상 즉위: 1명(1대 태조)

	묘호	생존 기간	수명	재위(임금 자리에 있었던 기간)	기간	부인 수	자녀 수
1대	태조	1335~1408	74	1392.7(58세)~1398.9(64세)	6년 2개월	6	8남5녀
2대	정종	1357~1419	63	1398.9(42세)~1400.11(44세)	2년 2개월	10	17남8녀
3대	태종	1367~1422	56	1400.11(34세)~1418.8(52세)	17년 10개월	10	12남17녀
4대	세종	1397~1450	54	1418.8(22세)~1450.2(54세)	31년 6개월	6	18남4녀
5대	문종	1414~1452	39	1450.2(37세)~1452.5(39세)	2년 3개월	3	1남2녀
6대	단종	1441~1457	17	1452.5(12세)~1455.6(14세)	3년 2개월	1	없음
7대	세조	1417~1468	52	1455.6(39세)~1468.9(52세)	13년 3개월	2	4남1녀

	묘호	생존 기간	수명	재위(임금 자리에 있었던 기간)	기간	부인 수	자녀 수
8대	예종	1450~1469	20	1468.9(19세)~1469.11(20세)	1년 2개월	2	2남1녀
9대	성종	1457~1494	38	1469.11(13세)~1494.12(38세)	25년 1개월	12	16남12녀
10대	연산군	1476~1506	31	1494.12(19세)~1506.9(31세)	11년 9개월	4	4남2녀
11대	중종	1488~1544	57	1506.9(19세)~1544.11(57세)	38년 2개월	12	9남11녀
12대	인종	1515~1545	31	1544.11(30세)~1545.7(31세)	9개월	3	없음
13대	명종	1534~1567	34	1545.7(12세)~1567.6(34세)	22년	7	1남
14대	선조	1552~1608	57	1567.7(16세)~1608.2(57세)	40년 7개월	8	14남11녀
15대	광해군	1575~1641	67	1608.2(34세)~1623.3(49세)	15년 1개월, 유배18년 (49~67세)	10	1남1녀
16대	인조	1595~1649	55	1623.3(29세)~1649.5(55세)	26년 2개월	5	6남1녀
17대	효종	1619~1659	41	1649.5(31세)~1659.5(41세)	10년	4	1남7녀
18대	현종	1641~1674	34	1659.5(19세)~1674.8(34세)	15년 3개월	1	1남3녀
19대	숙종	1661~1720	60	1674.8(14세)~1720.6(60세)	45년 10개월	9	6남2녀
20대	경종	1688~1724	37	1720.6(33세)~1724.8(37세)	4년 2개월	2	없음
21대	영조	1694~1776	83	1724.8(31세)~1776.3(83세)	51년 7개월	6	2남7녀
22대	정조	1752~1800	49	1776.3(25세)~1800.6(49세)	24년 3개월	5	2남2녀
23대	순조	1790~1834	45	1800.7(11세)~1834.11(45세)	34년 4개월	2	1남5녀
24대	헌종	1827~1849	23	1834.11(8세)~1849.6(23세)	14년 7개월	4	1녀
25대	철종	1831~1863	33	1849.6(19세)~1863.12(33세)	14년 6개월	8	5남1녀
26대	고종	1852~1919	68	1863.12(12세)~1907.7(56세)	43년 7개월	7	6남1녀
27대	순종	1874~1926	53	1907.7(34세)~1910.8(37세)	3년 1개월	2	없음

조선 왕릉 일람

	능호	묘호	형식	사적	주소
1대	건원릉	태조	단릉	193호	경기도 구리시 인창동 62번지(동구릉)
	제릉	신의황후	단릉		개성시 판문군 상도리(북한)
	정릉	신덕황후	단릉	208호	서울 성북구 정릉2동 산 87-16
2대	후릉	정종/정안왕후	쌍릉		개성시 판문군 령정리(북한)
3대	헌릉	태종/원경왕후	쌍릉	194호	서울 서초구 내곡동 산 13-1
4대	영릉	세종/소헌왕후	합장	195호	경기도 여주시 능서면 왕대리 산 83-1
5대	현릉	문종	동원이강	193호	경기도 구리시 인창동 62번지(동구릉)
		현덕왕후			
6대	장릉	단종	단릉	196호	강원도 영월군 영월읍 영흥리 1090-1
	사릉	정순왕후	단릉	209호	경기도 남양주시 진건면 사릉리 산 65
7대	광릉	세조	동원이강	197호	경기도 남양주시 진접읍 부평리 247
		정희왕후			
8대	창릉	예종	동원이강	198호	경기도 고양시 용두동 산 30-1(서오릉)
		안순왕후(계비)			
	공릉	장순왕후	단릉	205호	경기도 파주시 조리면 봉일천리 산 5-1
추존	경릉	덕종	동원이강	198호	경기도 고양시 용두동 산 30-1(서오릉)
		소혜왕후			
9대	선릉	성종	동원이강	199호	서울 강남구 삼성2동 135-4
		정현왕후(계비)			
	순릉	공혜왕후	단릉	205호	경기도 파주시 조리면 봉일천리 산 15-1
10대	연산군묘	연산군	쌍분	362호	서울 도봉구 방학동 산 77번지
		부인 신씨			
11대	정릉	중종	단릉	199호	서울 강남구 삼성2동 135-4
	온릉	단경왕후	단릉	210호	경기도 양주시 장흥면 일영리 산 19
	희릉	장경왕후(계비)	단릉	200호	경기도 고양시 원당동 산 37-1(서삼릉)
	태릉	문정왕후(계비)	단릉	201호	서울 노원구 공릉동 산 313-19
12대	효릉	인종/인성왕후	쌍릉	200호	경기도 고양시 원당동 산 37-1(서삼릉)
13대	강릉	명종	쌍릉	201호	서울 노원구 공릉동 산 313-19
		인순왕후			
14대	목릉	선조	동원이강	193호	경기도 구리시 인창동 62번지(동구릉)
		의인왕후			
		인목왕후(계비)			

	능호	묘호	형식	사적	주소
15대	광해군묘	광해군 부인 유씨	쌍분	363호	경기도 양주시 진건면 송릉리 산 59번지
추존	장릉	원종 인헌왕후	쌍릉	202호	경기도 김포시 풍무동 산 141-1
16대	장릉 휘릉	인조/인열왕후 장렬왕후(계비)	합장 단릉	203호 193호	경기도 파주시 탄현면 갈현리 산 25-1 경기도 구리시 인창동 62번지(동구릉)
17대	영릉	효종 인선왕후	쌍릉	195호	경기도 여주시 능서면 왕대리 산 83-1
18대	숭릉	현종 명성왕후	쌍릉	193호	경기도 구리시 인창동 62번지(동구릉)
19대	명릉 익릉	숙종/인현왕후(계비) 인원왕후(계비) 인경왕후	쌍릉 단릉	198호 〃	경기도 고양시 용두동 산 30-1(서오릉) 〃 〃
20대	의릉 혜릉	경종/선의왕후(계비) 단의왕후	쌍릉 단릉	204호 193호	서울 성북구 석관동 1-5 경기도 구리시 인창동 62번지(동구릉)
21대	원릉 홍릉	영조/정순왕후(계비) 정성왕후	쌍릉 단릉	193호 198호	경기도 구리시 인창동 62번지(동구릉) 경기도 고양시 용두동 산 30-1(서오릉)
추존	영릉	진종 효순소황후	동원이강	205호	경기도 파주군 조리면 봉일천리 산 15-1
추존	융릉	장조/경의왕후	합장	206호	경기도 화성시 태안면 안녕리 1-1
22대	건릉	정조/효의황후	합장	206호	경기도 화성시 태안면 안녕리 1-1
23대	인릉	순조/순원황후	합장	194호	서울 서초구 내곡동 산 13-1
추존	수릉	문조/신정황후	합장	193호	경기도 구리시 인창동 62번지(동구릉)
24대	경릉	헌종/효현황후/ 효정황후(계후)	삼연릉	193호	경기도 구리시 인창동 62번지(동구릉)
25대	예릉	철종/철인황후	쌍릉	200호	경기도 고양시 원당동 산 37-1(서삼릉)
26대	홍릉	고종/명성황후	합장	207호	경기도 남양주시 금곡동 141-1
27대	유릉	순종/순명황후/ 순정황후(계후)	합장	207호	경기도 남양주시 금곡동 141-1